나는 왜 나를 함부로 대할까

나는 왜 나를
함부로 대할까

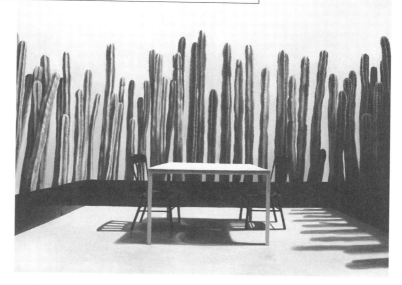

자기치유와 자기돌봄을 위한 자기관계 심리학

문요한 지음

스스로 가혹하게 대하고 후회하는 당신에게

상상해 보자. 당신은 친구와 한 달간 유럽여행을 떠났다. 벌써 신나지 않는가! 그런데 행복할 거라는 기대와 달리 첫날부터 싸움이 벌어진다. 사소한 문제이다. 당신은 늦었으니 간단하게 저녁을 때우기를 원하고 상대는 첫날 저녁인데 좋은 식당에 가자고 해서 다툼이 벌어진 것이다. 그런데 이것은 시작에 불과할 뿐이다.

이후로 어디를 갈지 무엇을 먹을지 같은 다툼이 계속 이어진다고 해 보자. 게다가 상대는 당신에게 계속 일방적 요구만을 늘어놓고 짜증을 내고 비난을 퍼붓는다면? '넌 왜 그렇게 쫀쫀해?' '넌 생각이라는 게 있는 애야, 없는 애야?' '너는 취향이 왜 그리 유치해!' '너는 정말 도움이 안 된다!' '내가 왜 너랑 여행을 왔을까? 정말 싫다!' '너, 바보야? 그것도 몰라?' 같은 말들을 계속 듣게 된다면 어떨 것 같은가?

아마 더 이상 여행을 하고 싶지 않을 것이다. 아무리 좋은 장소에 가고, 맛있는 음식을 먹는다 한들 그 여행은 더는 의미가 없어질 것이다.

그런데 만약 이것이 혼자 떠난 여행에서 벌어진 일이라면 어떨까? 이러한 일방적 요구와 비난을 한 사람이 바로 나라면 어떻게 해야 하는가? 내가 나를 떼놓을 수도 없고……. 비단 여행만이 아니라 인생이라는 긴 여정 동안 자신을 이렇게 대한다면 그 삶이 어떻게 되겠는가?

2018년에 나는 사람들이 자기와의 관계방식을 이해하고 건강한 바운더리를 세워가는 해법을 담은『관계를 읽는 시간』을 출간했다. 이후 책과 관련한 프로그램을 진행하면서 깨달은 것이 있다. 바로 자신과 불화하면서 다른 사람과 좋은 관계를 맺는다는 것은 너무나도 어렵다는 사실이다. 인간관계가 힘든 이들은 무엇보다 자기와의 관계가 엉망이었다. 인간관계 이전에 자기와의 관계를 먼저 이해하고 재정립하는 게 필요했다.

왜 우리는 자신을 별로라고 느끼는 것을 넘어 싫어하고 미워하고 심지어 혐오할까? 왜 다른 사람에게는 친절하지만 자기에게는 불친절할까? 다른 사람의 고통에는 공감하지만 자기의 고통에는 연민이나 공감도 없이 비난부터 퍼부을까?

우리가 겪는 고통과 불행의 상당 부분은 스스로 저지르는 2차 가해 때문이다. 우리는 고통에 고통을 덧붙이는 데 익숙하다. 그렇다면 우리는 어떻게 자기와의 관계를 회복할 수 있을까? 이 책은 그 고민에 따른 결과이다.

어쩌면 인간은 자기가 자기를 괴롭히는 유일한 생명일지 모른다. 고양이를 보자. 고양이는 고양이이다. 고양이는 자신이 좋은 고양이인지

나쁜 고양이인지, 게으른 고양이인지 부지런한 고양이인지 판단하지 않는다. 자신이 고양이답게 살아가고 있는지 의문을 품지 않고, 고양이로서의 삶을 어떻게 살아야 하는지 고민하지 않는다. 어떤 고양이가 되어야 한다고 자신을 다그치지도 않고, 그릇을 엎어 버리고 '바보같이!'라고 자신을 비난하지도 않는다.

그러나 인간의 의식과 자아가 복잡하게 진화하면서 점점 그 부작용이 심각해지고 있다. 생각은 갈수록 비대해져서 현실과의 접촉은 점점 약해지고, 자기에게 몰두하느라 관계는 희미해지고, 도달할 수 없는 것에 도달하려고 애쓰다가 지쳐 쓰러진다. 이는 의학기술은 눈부시게 발달하고 있지만 유독 정신건강은 악화되고 있는 이유이다.

특히, 과거의 상처가 많은 사람일수록 자신을 대하는 폭정은 심하다. 이들은 하나같이 '자신에게 친절한 마음'이나 '자신에게 공감하는 마음'이 없었다. 일말의 융통성도 없이 자신을 다그치고, 작은 실수나 잘못에도 비난을 퍼붓는다. 그런 자신에게 화를 내며 더 이상 자신을 함부로 대하지 않겠다고 결심하지만 뒤돌아서면 또다시 자기비난의 수렁으로 빠져들고 만다.

우리는 평생 동안 돌봄이 필요하다

어떻게 해야 할까? 정신분석의 창시자 지그문트 프로이트는 '심리결정론psychic determinism'을 바탕으로, 우연으로 보이는 인간의 어떤 행동도 특정 동기와 원인이 있다고 말한다. 즉, 모든 것은 이전에 있었던 경험에 의해 결정된다는 것이다. 설사 그것이 꿈이나 말실수와 같은 경우라도 예외일 수 없다. 하물며 인간의 의식적 선택과 행동은 더 말할 나

위도 없다. 그렇게 본다면 인간은 자유의지를 가지고 스스로 선택하고 행동하고 그에 따른 책임을 질 줄 아는 능동적 존재라고 착각하지만, 사실은 과거 경험으로 축적된 무의식의 힘에 끌려다니는 피동적 존재라고도 볼 수 있다.

이러한 결정론적 입장의 대척점에 서 있는 학자가 알프레드 아들러이다. 아들러는 원인이 아닌 목적, 과거보다는 현재를 중시했다. 인간은 경험에 의해 결정되는 수동적인 존재가 아니라 경험에 부여한 의미에 따라 자신을 결정하는 존재라고 본 것이다. 그렇기에 자기 문제를 과거의 탓으로 돌리지 말고, 스스로 바꿀 수 있는 현재의 태도와 행동에 집중할 것을 강조한다.

자기와의 관계를 푸는 문제도 마찬가지이다. 프로이트의 입장에 따르면 자신과 불화하게 된 원인이 있게 마련일 테니 이를 이해하고 치유하는 일이 필요할 것이다. 반대로 아들러의 입장이라면 과거를 살펴보기보다 지금 자신을 사랑하고 친절을 베푸는 게 중요하다고 이야기를 할 것이다.

어떤 쪽이 맞는가? 프로이트와 아들러의 말이 모두 맞는 것 같다. 우리는 이분법을 경계해야 한다. '왜?'도 '어떻게?'도 모두 중요하다. 이 책에서는 두 입장을 통합해 제시하고자 한다.

자기와의 관계를 회복하는 해법은 자기와의 관계를 이해하고 삶의 동반자로서 스스로에게 친절해지는 것이다. 이것이 바로 '자기돌봄'이다. 우리는 흔히 돌봄을 나약한 것으로 여기기 쉽다. 마치 아이들에게나 필요한 것으로 생각한다. 그러나 인간은 평생 동안 돌봄을 필요로 한다. 고통은 삶의 일부이며, 우리는 취약한 존재들이기 때문이다.

단, 어른이 되면 그 돌봄의 주체가 점점 자기한테로 옮겨와야 한다. 부모에게서 자기에게로 책임의 이전이 일어나는 것이 바로 발달이다. 그러나 많은 이들은 그 전환에 실패한다. 여전히 누군가에게 의존하려고 하거나 자기를 돌보는 대신에 싸우려고 들 뿐이다. 또 어떤 이들은 돌봄을 전체적으로 바라보지 못하고 신체적인 것에 국한한다. 마치 먹이고 재우고 씻겨주는 것이 아이를 돌보는 일의 전부인 양 생각하는 부모와도 같다.

그러나 인간은 신체적 돌봄과 함께 정서적 돌봄도 필요하다. 나아가 서로 좋은 관계를 맺어가도록 관계를 돌보는 것도 필요하고, 활력 있는 삶을 살아가도록 영혼을 돌보는 것도 중요하다. 돌봄은 전인적이고 총체적이다. 그렇기에 이 책에서 말하는 자기돌봄이란 한마디로 '삶을 아름답게 가꾸는 주체가 되는 것'이라고 할 수 있다.

자기와의 관계를 새롭게 바라보는 시간

몇 년 동안 나는 어떻게 자기와의 불화에서 벗어나 자기 자신과 친밀한 관계를 맺을 수 있을지를 고민하고 연구해 왔다. 그리고 '자기돌봄 심리 워크숍'과 '자기돌봄 클럽'을 운영하면서 그 변화를 돕고 있다. 이 책에서 그간의 경험을 총망라해서 자기돌봄의 여정을 소개한다. 이 책에 소개된 사례는 개인상담, 워크숍 참가자, 자기돌봄 클럽 멤버들의 경험에 기반을 두고 재구성되었다. 이 분들이 있었기에 자기불화의 근본적 원인을 생생하게 제시할 수 있었고, 그 변화의 여정을 바탕으로 자기돌봄의 실천적 방법들을 소개할 수 있었다. 깊은 감사를 드린다.

또한 이 책을 쓰면서 마음챙김-자기연민mindful self-compassion 프로그램 공동 개발자이자 자기연민에 대해 선구적인 연구와 활동을 하는 하버드대학교 크리스토퍼 거머Christopher Germer 교수와 텍사스대학교 크리스틴 네프Kristin Neff 교수의 책에서 큰 도움을 받았다.

본론으로 들어가기 앞서 이 책의 내용을 소개하고자 한다. 7장으로 구성된 이 책은 1장부터 3장은 자기관계에 대한 이해에 초점을 두고, 4장부터 7장까지는 자기친절의 실천에 초점을 두고 있다.

1장에서는 '자신에게 질문하기'를 다룬다. 자기가 자기를 왜 이렇게 대하는지 스스로 의문을 갖지 않고서는 자기돌봄은 시작조차 불가능하기 때문이다.

2장은 '자기관계의 역사 이해하기'를 다룬다. 당신이 다른 사람과 관계를 맺는 방식은 유년기의 관계맺기와 깊은 관련이 있다. 이와 마찬가지로 자기와의 관계도 유년기와 연결되어 있다. 아동기 때 개인이 겪은 부정적 경험은 자기불화의 가장 큰 원인이 된다. 여기서 '부정적 경험'이란 개인적 차원만이 아니라 사회적 차원까지를 포함한다.

3장은 '내면의 벗'에 대한 이야기이다. 내면의 벗은 상처의 대물림을 끊어내고 어린 시절의 불안정 애착에서 벗어나 안정 애착으로 나아가는 중요한 개념이다.

4장은 '자기연민'에 대한 이야기이다. 자신에게 친절을 베푸는 것은 억지로 할 수 없고, 마음에서 우러나야 한다. 그것은 자신에 대한 공감에서 시작한다. 연민심은 공감에 머물지 않고 저마다의 고통에서 벗어날 수 있도록 이끌어준다.

5장은 '마음챙김'에 대한 이야기이다. 고통 속에 있는 나를 돌보려면 내 마음과 거리를 둘 수 있어야 한다. 마음챙김과 몸챙김을 통해 요동치는 마음을 진정시키는 방법을 소개하고자 한다.

6장은 '내면소통'이다. 자기대화는 자기와의 관계를 반영한다. 자기 자신에게 안부를 묻고 따뜻한 말을 주고받을 수 있다면 자기비난의 폭정에서 벗어나 내부 민주주의를 이루어낼 수 있다.

마지막 7장은 '내면의 활력'이 주제이다. 자기와의 관계가 좋아지면 자기 자신을 기쁘게 하고 활기를 선사하고 싶어지기 때문이다.

심리학에는 인간관계에 대한 많은 이론과 연구가 있다. 그러나 상대적으로 자기와의 관계를 전체적으로 다루는 이론과 연구는 부족한 편이다. 물론 자존감, 나르시시즘, 수치심, 자기비난 등 세부적인 주제에 대한 것은 많다. 이 책은 자기돌봄에 중점을 두되 자기 자신과의 관계 전반을 다루었다. 그렇기에 나는 이 책을 '자기관계 심리학self-relation psychology'이라고 분류하고 싶다.

거울에 비친 자신을 보며 '안녕!' 하고 인사를 건네고, 자기 실수나 부족함에 대해 '괜찮아! 그럴 수도 있어'라고 이야기하고, 고통에 빠진 자신에게 어쩌다 한번씩은 가슴을 토닥이며 '많이 힘들지?'라고 위로를 건네줄 수 있는 당신이기를 바란다. 내가 나에게 친절할 수 있다면 삶이 고단하더라도 살 만하지 않을까?

부디 이 책이 독자 여러분이 자기와의 관계를 새롭게 바라보는 계기가 되었으면 좋겠다. 책의 활자들이 마음의 에너지가 되어 작은 자기 친절로 이어지기를 바란다.

2022년 여름
문요한

• 일러두기_ 본문 속 사례에 나오는 이름은 모두 가명입니다.

나는 왜 나를
이렇게 대하는가?

· · · · ·

질문이 죽으면 삶은 고착된다. 습관만 남는다. 그냥 반복만이 있을 따름이다. 살던 대로 사는 것이다.

자기와의 관계 역시 마찬가지이다. 많은 이들이 자기를 안 좋게 생각하고 스스로 괴롭히면서 이에 대해 별 의문을 갖지 않는다. 그리고 습관적으로 이를 반복한다. 마치 처음부터 그랬던 것처럼.

과연 우리는 원래 자기를 부정적으로 생각하고 함부로 대하도록 설정된 채 태어났을까? 뻗어나는 게 생명인데 그럴 리가 없다. 삶의 여러 경험을 통해 자기를 부정적으로 바라보는 습관이 든 것뿐이다. 그러므로 자기와의 관계를 회복하기 위한 첫걸음은 '나는 왜 나와 이렇게 관계 맺고 있는가?'라는 질문을 던지는 것이다.

굳이 바로 답을 해야 하는 것은 아니다. 이 질문은 자기관찰과 자기대화의 시작을 의미한다.

1. 아무것도 안 하는 꼴을 못 본다

"왜 책상을 닦고 계세요?"

집중력 곤란과 의욕 저하로 상담을 하는 명주 씨에게 건넨 질문이다. 그녀는 상담 중에 휴지를 꺼내어 연신 책상을 닦으며 이야기했다.

"가만히 있기가 뭐해서요. 뭐라도 하고 있으면 마음이 좀더 편해요."

그녀는 비정년 대학교수이다. 그녀의 머릿속에는 해야 할 일이 언제나 가득하다. 하고 싶은 일이 끼어들 빈 공간이 없다. 어떻게든 빨리 정년을 보장받는 것이 중요하다. 그렇기에 친구들도 제대로 만나지 못할 뿐더러 명절에 고향 집에조차 안 내려간다. 부모님도 으레 기대를 하지 않는다. 전화를 하면 "이번에도 못 내려오지?"라는 말부터 하신다.

30대 후반부터는 결혼도 잊었다. 대신 수업과 논문 쓰기 그리고 각종 대외활동을 하는 데 여념이 없다. 그녀는 다른 동료 교수들이 신기하다. 어떻게 영화나 공연도 보러 다니고, 가족들과 여행도 자주 다니고, 사람들과 어울리면서도 할 일을 다 하는지 말이다. 조바심을 낸다고 해서 더 빨리 될 일도 아닌데 무언가를 하고 있어야 마음이 편하다.

문제는 40대가 넘어가면서 몸이 잘 따라주지 않는다는 사실이다. 이미 조기폐경이 왔고 점점 더 피곤하고 잘 회복이 되지 않는다.

그녀는 늘 학교에 있다. 교수들 중에서 가장 나중에 퇴근을 한다. 방학 때에도 학교에서 살다시피 한다. 집에 있으면 왠지 불편하다. 특히, 아무것도 안 하고 있으면 마음이 불안하다. 때로는 죄책감까지 느껴진다. 쉬면 안 될 것 같은 마음에 그냥 학교에 간다. 최근에는 목과 허리가 아파서 요가를 다니고 있다. 그러나 요가를 하면서도 종종 '이 시간에 책을 좀더 볼 수 있는데……' 하는 생각이 든다.

그녀는 왜 그렇게 삶의 여유가 없을까? 왜 그렇게 자기를 혹사시키는 것일까? 그녀는 다른 사람들과 통화할 때 입버릇처럼 '바빠 죽겠다'라고 이야기한다. 그런데 그것은 힘들다는 의미와 함께 다른 의미가 내포되어 있다. 할 일이 많다는 것이 그녀에게는 '나는 괜찮은 사람'이라는 느낌을 주는 것이다. 반대로 이야기하면 무언가를 하지 않을 때에는 '괜찮지 않은 사람'인 것 같은 느낌이 든다.

돌아보면 그녀는 항상 자기를 다그치며 살아왔다. 자기가 할 수 있는 것 이상을 해내야 하고, 자기 능력을 다른 사람들에게 입증해 보여야 한다고 다그쳐왔다. 그리고 자기 기대만큼 잘하지 못하면 왜 그러냐며 채찍질을 했다. 그러니 자기 몸과 마음을 잘 돌볼 리가 없었다. 스스로를 위로하고 돌보기는커녕 채찍질만 하다가 결국 주저앉아 버린 것이다.

최근 급격히 늘어나는 정신적 문제들

과연 이것이 그녀만의 이야기일까? 2022년 평생교육 전문기업 '휴넷'의 조사에 의하면 직장인 942명 중에 87.9퍼센트는 번아웃 및 슬럼프를 경험해 봤다고 답했다.

다들 그렇다니까 자칫 무감각해질 수도 있는데, 번아웃증후군은 심각한 정신적 문제이다. 시대에 따라 유행하는 정신질환의 종류는 조금씩 다르다. 예를 들어, 과거에는 화병이나 히스테리가 많았다. 그러나 지금은 보기 드물 정도이다.

그에 비해 심각하게 늘어나고 있는 정신질환으로는 공황장애, 성인주의력결핍증 등을 들 수 있다. 이는 과도한 스트레스와 관련이 있다.

과도한 스트레스라고 하면 사람들은 너무 많은 일을 하면서 쉬는 시간이 주어지지 않아서 생기는 것이라 생각하기 쉽다. 그러나 실제로 그렇지는 않다. 휴식 시간이 없어서가 아니라 휴식 시간조차 쉬지 못하는 경우가 많기 때문이다. 휴식 때조차 불필요한 긴장을 하고 경계심을 늦추지 못하는 것이다. 마치 군인이 전쟁터에서 완전무장을 한 상태로 쉬거나 토막잠을 자는 것과 비슷하다.

많은 현대인들은 준 전시상태를 살아간다. 늘 긴장되어 있고 날이 서 있다. 특히 시간을 생산적으로 혹은 효과적으로 보내야 한다는 '생산성 강박'에 빠져 있다. 그러므로 아무것도 하지 않는 것에 대해 기본적으로 불안을 느낀다. '이상한' 것으로 느끼는 것이다.

심지어 죄책감을 느끼는 경우도 많다. '내가 이렇게 있어도 되나?' '이 시간에 뭐라도 해야 하지 않을까?' 그렇기에 여행을 갈 때에도 괜히 읽지 않는 책을 들고 가고, 가만히 있는 꼴을 못 보고, 무언가를 자꾸 해야 한다고 다그친다.

결국 휴식은 또하나의 일이 되고 만다. 이완이 깃들 시간이 없다. 그 끝은 신체적 질병이나 정신적 질환이다. 번아웃증후군, 성인 주의력결 핍증, 공황장애 등이 자꾸 늘어나는 것은 우리 사회의 지나친 긴장도 와 관련되어 있다.

애쓰지 않는 시간

이러한 현상은 개인의 정신병리가 아니라 사회의 정신병리에 기반한 다. 우리 사회는 자기가 할 수 있는 것 이상을 하도록 끊임없이 요구한 다. 너무 어린 나이에서부터 애를 쓰며 살아간다. '애쓰다'는 말은 '마음 과 힘을 다하여 무엇을 이루려고 힘쓰다'는 뜻이다. 여기서 '애'는 창자 의 옛말이다. 내 속의 모든 역량을 동원하여 무엇을 해내려고 힘쓰는 것을 말한다. 이렇게 전력을 다하며 살아가니 얼마나 많은 에너지가 소모되겠는가!

문제는 마냥 애쓸 수 없다는 사실이다. 우리의 에너지는 한정되어 있다. 애를 쓴 만큼 보충해 채워 넣어야 한다. 그렇기에 애를 쓰려면 역 설적으로 '애쓰지 않는 시간'이 필요하다.

숨을 깊이 들이마셔보라. 다시 한번 숨을 깊이 들이마셔보라. 내쉬 지 않고 다시 숨을 들이마실 수 있는가? 들이마시면 내쉬는 것은 너무 나 자연스러운 일이다. 주먹을 꽉 쥐어보라. 다시 또 주먹을 꽉 쥐어보 라. 주먹을 펴지 않고 다시 주먹을 쥘 수 있는가? 주먹을 쥐고 펴는 것 또한 이렇게 자연스러운 일이다.

애를 써서 살고, 다시 애를 쓰려면 애를 쓰지 않는 시간이 필요하다.

아무것도 하고 싶지 않을 때에는 아무것도 하지 않아도 된다. 지나치지만 않는다면 그 시간은 고스란히 휴식이 된다. 애쓰지 않는 시간이 있기에 하고 싶은 것도 생길 수 있고, 해야 하는 것도 해나갈 수 있다.

그렇게 보면 의미 없는 시간은 없다. 아무것도 하지 않은 것조차 무언가를 한 것이다. 자기를 착취해 가면서까지 해야 할 중요한 일은 세상에 없다.

오늘도 지나치게 애를 쓰고 있는 나에게 질문을 던져보자.

꿍 나에게 질문하기

아무것도 안 하고 쉴 수 있지 않을까?

왜 나는 애쓰지 않는 시간을 갖지 못할까?

언제까지 이렇게 살아야 하는 걸까?

2. 그녀가 칭찬을 못 받아들이는 이유

현주 씨는 40대 후반의 공무원이다. 그녀는 어디를 가나 예의 바르다는 말을 많이 듣는다. 어릴 때부터 부모님에게 예의범절 관련 교육을 많이 받았다. '남에게 절대 폐를 끼치지 마라' '다른 사람을 먼저 배려해라' '흉잡히지 마라'.

그래서일까? 상대를 배려하고 겸손한 태도가 몸에 배었다. 그러나 배려와 겸손도 지나치면 흠이다. 그녀는 다른 사람의 칭찬을 잘 못 받아들인다. 예를 들면, 자기가 요리한 음식에 대해 사람들이 '맛있다'고 이야기하면 '다 조미료 맛이에요'라고 대답한다거나 직장에서 프로젝트를 맡아 '애를 썼다'고 칭찬해 주는데도 '저는 한 게 아무것도 없어요'라고 대답한다. 그렇게 그녀가 칭찬을 전면 부정해 버리면 정작 칭찬을 해준 사람이 무안하거나 당황할 때가 있다. 사람들은 그 일에 대해 더 알고 싶고 물어보고 싶은 게 있었는데 뭔가 더 물어보기가 애매할 때도 생긴다.

물론 단순히 배려 차원이나 예의상 칭찬을 하는 경우도 있다. 혹은 어떤 이득을 위해 아부하는 사람들도 있다. 그러나 여기서 말하는 것은 당연히 칭찬받을 수 있는 상황에서조차 이를 받아들이지 못하고 사양하는 것을 말한다. 이렇게 우리 주변을 보면 자기 노력이나 성과에 칭찬을 해주는 데도 이를 '부정'하는 이들이 있다. 이들은 칭찬을 들으면 자기도 모르게 황급히 아니라고 손사래를 치고 다른 주제로 화제를 바꿔버리곤 한다.

'나는 칭찬받을 자격이 없어'

사람들이 칭찬을 칭찬으로 받아들이지 못하는 데는 몇 가지 이유가 있다. 첫째, 칭찬을 사양하는 것을 겸손이라고 생각하기 때문이다. 즉, 칭찬을 받아들이는 것은 오만하거나 건방진 사람이라는 생각을 갖고 있다. 이는 문화의 영향을 많이 받는다. 바람직한 인간상이 무엇이냐 하는 것은 문화마다 차이가 있기 때문이다.

개인주의 문화권에서는 자기주장을 잘하고 개성이 있고 독립적인 인간상을 선호한다. 그에 비해 집단주의 문화권에서는 다른 사람을 배려하고, 겸손하고, 협력적인 인간상을 선호한다. 특히, 동양의 유교문화권이 더욱 그렇다. 그러나 아무리 겸손이 중요하다지만 칭찬을 사양하면 겸손이고 칭찬을 수용하면 오만인 것일까?

둘째, 부채감과 부담감 때문이다. 인간관계에서는 받은 만큼 되돌려주어야 한다는 강박을 지닌 이들일수록 칭찬을 받으면 부담을 느낀다. 칭찬을 받았으니 이제 자기도 상대를 칭찬해 주어야 한다는 부채감을 느끼는 것이다. 혹은 칭찬을 들으면 다음번에는 더 잘해야 된다는 압박을 느끼기도 한다. 그런데 과연 상대는 칭찬이 되돌아오기를 바라고 칭찬을 한 것일까? 다음번에는 더 잘해야 한다는 압박을 주려고 칭찬한 것일까?

셋째, 칭찬받을 자격이 없다고 생각하기 때문이다. '나는 부족한 사람'이라는 부정적 자아상을 가지고 있는 이들에게 칭찬은 자기정체성과 맞지 않다. 특히 어린 시절에 부모한테서 야단을 많이 맞은 사람일수록 자신을 '칭찬받을 자격이 없는 사람' 더 나아가 '나는 혼나야 하는 사람'이라고 생각하는 경우가 있다.

그럴수록 상대의 칭찬을, 형식적으로 하는 말이라고 여기거나 자기를 잘 몰라서 하는 칭찬이라고 생각한다. 심지어 자기를 비꼬는 거라고 생각하는 경우도 있다. 그리고 크게 혼이 나지 않았지만 무엇을 해도 부모가 관심을 보이지 않거나 칭찬을 해주지 않는 경우도 칭찬받을 자격이 없다고 생각할 수 있다.

현주 씨의 경우에는 이 세 가지 이유가 다 섞여 있다. 현주 씨는 엄한 가정교육을 받으며 자랐다. 그녀의 어릴 적 기억 속에는 손님이 왔을 때 크게 혼난 적이 있다. 유치원 다닐 때였을까? 아버지와 친한 친구 분이 이야기하고 있을 때 옆에서 다과를 집어먹었다는 이유였다.

아버지는 친구 분이 가고 나서 화를 내며 벌을 세웠다. 현주 씨는 뭘 잘못했는지도 모르고 무서워서 벌을 섰다. 그 기억이 정확하다면 아버지가 혼을 내면서 한 말이 '어디서 근본 없는 아이처럼 행동하느냐!'였다.

그렇게 한번씩 자식을 혼낼 때의 아버지는 너무 매서웠다. 쫓아내기라도 할 기세였다. 아버지의 고함소리를 들으면 울다가도 눈물이 쏙 들어갔다. 그 매서운 눈을 마주 볼 수 없어 고개를 떨궈야만 했다. 이후로도 현주 씨는 아버지의 큰소리를 들을 때마다 얼어붙어 버린 적이 많다. 그런 아버지 때문인지 자라면서 다른 사람들의 눈치를 많이 봤고 예의 있게 행동했다.

진정한 겸손의 의미

오랜 시간 그녀는 겸손을 '자신을 낮추는 것'이라고 생각해 왔다. 아마 많은 사람들이 겸손을 그렇게 이해하고 있을 것이다. 그렇기에 현주 씨의 겸손은 종종 자기비하로 흐르고 만다. 그런데 정말 겸손이 그런 뜻일까?

겸손은 영어로 'humility'라고 한다. 부식토를 뜻하는 라틴어 'humilis'에서 온 말이다. 부식토는 동물의 사체나 식물의 잎과 가지 등이 분해되어 형성된 검은 빛의 토양으로, 생명이 자라기 아주 좋은 흙이다. 즉, 겸손은 자신이 자라나는 것이 아니라 무언가를 길러낼 수 있는 바탕이 되어주는 것을 의미한다.

겸손은 자신을 낮추는 것에 핵심이 있는 게 아니라 상대가 성장할 수 있도록 기꺼이 발판이 되어주는 것을 말한다. 그러니 겸손의 본질은 자신을 낮추는 것이 아니고 순응이나 복종하는 것은 더더욱 아니다. 겸손의 본질은 솔선수범하는 것이며, 상대가 성장할 수 있도록 그 토양이 되어주는 것이다.

칭찬을 사양하는 것은 겸손이 아니다. 칭찬을 받아들이지 못하는 이들은 자기를 칭찬할 줄도 모른다. 받을 자격이 없는데 어떻게 줄 수 있겠는가. 자기의 좋은 점을 인정하고 칭찬하는 것은 오만함이 아닌 건강한 자부심이다.

우리는 오만함이나 우월감에 빠지지 않으면서 우리 자신의 좋은 점에 대해서 관찰하고 인정하고 발달시킬 수 있다. 특히, 자기뿐만이 아니라 모든 사람이 단점과 장점을 가지고 있다는 것을 인정할 수 있다면 자기칭찬은 오만함이나 우월감으로 흐르지 않고 자기성장으로 이어진다. 보편적 인간성을 바탕에 두고 자신의 긍정적인 면에 적극적으로 주의를 기울이고 인정하고 발달시키는 사람만이 다른 사람들의 긍정적인 면에 대해 샘을 내지 않고 진심으로 칭찬할 수 있다.

이는 자기친절의 중요한 기준이다. 자기 장점을 인정할 수 있을 때 다른 사람의 장점을 인정할 수 있다. 자기가 잘한 것에 대해 칭찬할 수 있을 때 다른 사람이 잘한 것 또한 칭찬할 수 있다. 스스로를 존중할 수 있을 때 모두를 존중할 수 있는 법이다.

⊙☺ 나에게 질문하기

나는 다른 사람을 칭찬할 수 있는가?

그렇다면 나 또한 칭찬할 수 있는가?

3. 바보야, 그렇게 하지 말았어야지

　앞에서 이야기한 현주 씨는 작은 실수나 잘못에도 얼굴이 빨개지고 시선을 어디에 둬야 할지 모른다. 다른 사람에게는 '사람이 그럴 수도 있지'가 되지만 유독 자기에게만큼은 '그럴 수도 있지'가 되지 않는다. 작은 실수를 저지를 때에도 너무 창피해서 그냥 어딘가로 숨고 싶을 따름이다. 사람들 앞에서 치부가 드러난 느낌이다.

　더 큰 문제는 누군가 큰소리를 내면 어린아이처럼 깜짝깜짝 놀라고 얼어붙어 버린다는 것이다. 예를 들면, 지금의 상사는 화를 많이 내는 편이다. 그렇다고 현주 씨에게만 유독 화를 내는 것은 아니고 팀원 전체에게 그렇다.

　동료들은 무서워하기보다는 '또 저런다'라고 대수롭지 않게 생각한다. 물론 속으로만 그렇게 생각할 뿐 상사 앞에서는 심각한 표정들을 짓고 있다. 그런데 현주 씨의 반응은 동료들과 사뭇 다르다. 그녀는 겉으로뿐만 아니라 속으로도 그렇다. 잔뜩 긴장하고 얼어붙어 버린다. 상사가 "왜 일을 이런 식으로 했어!"라고 소리를 지르면 그녀가 설명을 해야 하는데 목소리가 기어 들어가서 우물쭈물거린다. 그리고 꼭 뒤돌아서서 자책을 한다.

'이렇게 이야기했어야 했는데……. 바보같이 아무 말도 못 하고.'

동료들과의 관계에서도 그렇다. 무시하는 말을 들어도 그 순간에는 대꾸하지 못할 때가 종종 있다. 뭐랄까? 순간 생각이 정지된다. 얼굴은 달아오르지만 애써 감추고 어색하게 웃는 것으로 지나가 버린다. 그리고 또 뒤돌아서서 후회한다.

'이 바보야. 그럴 때는 이렇게 말했어야지. 왜 맨날 당하고만 살아!'

자기보호는 본능이다

골목길에서 칼을 든 강도가 갑자기 당신 바로 앞에 나타나면 어떻게 반응할까? 도망치거나 싸울까? 대부분은 털썩 주저앉거나 얼어붙고 만다. 이를 '얼음반응freezing response'이라고 한다. 이는 생존의 위협에서 벗어날 수 없을 때 자동적으로 이루어지는 자기보호본능이다. 인간뿐 아니라 모든 생명체가 가지고 있는 자동반사이다.

좀더 자세히 말하면, 생존이 위협당할 때 우리 몸은 자동적으로 교감신경과 함께 등 쪽 부교감신경이 항진되어 '긴장성 부동tonic immobility' 상태에 빠진다. 이는 우리가 의식적으로 판단해서 이루어지는 것이 아니라 신경계에서 무의식적으로 이루어지기 때문에 통제할 수 없다. 이 순간은 이성적인 판단이나 생각이 정지되고 아무런 대응도 할 수 없다. 흔히 폭력, 강도, 성폭행, 재해 등과 같이 생존의 위협을 느끼는 상황에서 나타난다. 그러나 아이들의 경우에는 욕설이나 큰소리에도 이러한 긴장성 부동 상태가 초래될 수 있다.

만약 이러한 충격이 트라우마로 남게 된다면 이후로도 비슷한 상황에서 자기도 모르게 얼어붙어 버린다. 성인이 되어서도 그럴 수 있다. 누군가 큰소리만 쳐도 깜짝깜짝 놀라고 얼어붙어 버리거나 아무 이야기도 하지 못할 수 있다. 상대의 나이가 어리고 직책이 낮아도 그럴 수 있다. 그 순간만큼은 '어린 시절의 나'로 순간이동하기 때문이다.

문제는 그 순간이 지나 정신이 들면 자신의 그런 모습이 용납되지 않는다. 아무것도 하지 못한 자신을 심하게 책망하게 된다.

'왜 나는 그 상황에서 싫다고 말하지 못했을까?' '왜 아무 저항도 하지 못했을까?'

이는 수치심을 불러일으키고 자기비난으로 이어지고 만다. 물론 주위 사람들이 다음과 같은 질문들을 던져 2차 가해를 하는 경우도 많다.

'아니, 싫다고 말했어야지!' '이 바보야, 그냥 가만히 있었어?'

그러나 가장 일반적인 2차 가해는 타인이 아니라 자신에 의해 이루어진다. 트라우마 환자들은 하나같이 자기가 어떻게 행동했어야 했다는 자책과 비난에서 벗어나지 못한다. 이성적이거나 용기 있게 행동했어야 한다고 스스로 다그친다.

그러나 한번 생각해 보자. 이렇게 얼어붙어 버리는 것이 비난받을 일일까? 긴장성 부동은 유아동기 때 상처가 치유되지 못하고 트라우마로 남아 있다는 증거이기도 하다. 성인이 된 지금에는 적절하지 못한 대응이지만 유아동기에는 그렇게 행동했기 때문에 덜 다치고, 살아남을 수 있었다. 그럼에도 트라우마나 범죄 희생자들은 결코 그렇게 생각하지 않는다. 지금의 트라우마 반응도 용납을 못 하지만 과거에 얼어붙어 버렸던 자기에게도 계속 벌을 준다.

'너는 그때 다르게 행동해야 했어.'

그러나 우리는 그 당시에 다르게 행동할 수 있었을까? 그것은 본능적으로 부여된 신경계의 자기보호본능이다. 신경계는 우리의 생존을 위해 존재한다. 어떻게든 몸을 돕고 살리려고 할 뿐이다. 그 덕분에 우리는 참혹한 경험으로부터 우리를 보호하고 생존할 수 있었다.

물론 얼어붙는 반응을 계속 반복해도 된다는 것은 아니다. 심하다면 치료가 필요하다. 다만, 치료의 과정에서도 중요한 것은 그런 자신에게 연민의 마음을 보내고 이해하는 것이다.

현주 씨는 자기의 긴장성 부동 상태를 '상처의 잔재'로 보는 것이 아니라 '나는 원래 못난 사람'이라는 증거로 생각해 왔다. 처음부터 그런 사람이라고 생각해 왔으니 어떤 변화도 쉽지 않았다. 자기비난만을 반복해 온 것이다.

아동기의 과도한 스트레스는 신경학적 손상을 초래하고 자기조절 기능을 크게 저해한다. 자신의 의지와 상관없이 사소한 자극에도 강렬한 스트레스 반응이 유발된다. 이는 쉽게 극복되지 않는다. 그러지 말아야 한다고 다그칠 문제가 아니다. 아이를 기르듯 수많은 기다림과 이해심 그리고 보살핌이 필요하다. 그 모습 그대로인 것 같지만 분명 아이는 조금씩 자라나고 있는 것처럼 상처도 조금씩 아물어간다.

4. 당신이 원하는 대로
   살지 않을 거야

"어차피 다 죽는 거 아닌가요? 꼭 바둥바둥하며 살아야 할까요?"

스물일곱 형준 씨의 이야기이다. 그는 생활비만 벌 정도로 아르바이트를 한다. 그렇게 생활한 지 1년이 넘었다. 딱히 다른 구직 계획은 없다. 그는 군대를 다녀온 뒤로 학점관리도 하지 않고 취업 준비도 하지 않았다. 전공과 관련 없는 책을 보고 독서 모임을 쫓아다녔다.

부모는 애가 탔다. 대학까지는 나름 잘 해왔는데 왜 대학 졸업을 앞두고 이렇게 변해 버렸는지 이해할 수가 없다. 자기가 원하는 게 있어서 그 길을 가겠다면 밀어주고 싶지만 그런 것도 없어 보인다. 그냥 알아서 하겠다며 내버려두라는 것이 그의 주장이다. 그 대신 부모가 취업정보를 알아보고 시험을 볼 것을 종용해 보지만 그럴수록 그는 더 아무것도 하지 않는다.

부정의지와 긍정의지

인간의 의지는 간단히 말해 부정의지와 긍정의지가 있다. 부정의지란 '하고 싶지 않은 것을 하지 않으려는 의지'이고, 긍정의지란 '하고 싶은 것 혹은 해야 하는 것을 하려고 하는 의지'이다. 이 두 가지 의지는 서로 영향을 주며 생긴다. 성장과정에서는 부정의지가 먼저 발달한다.

우리가 흔히 이야기하는 '미운 세 살'이나 '사춘기'는 부정의지가 두드러질 때이다. '싫어!' '아니!'라고 자주 이야기하고 말도 잘 듣지 않는다. 쉽게 말해 반항의 형태로 잘 드러나는 것이다. 이러한 부정의지는 잘 다듬어져야만 건강한 긍정의지가 발달한다. 하지만 대부분의 부모는 아이의 반항을 잘 이해하지도, 다듬어주지도 못한다. 어쩔 줄 몰라 끌려다니거나 역으로 뿌리를 뽑아버리려고 한다.

만일 부모가 아이의 반항에 끌려다니면 아이는 매사에 '버릇없는 아이'가 되기 쉽다. 반대로 부모가 너무 강압적이어서 아이가 순응하다 못해 반항심이 송두리째 뽑혀버리면 매사에 '의지 없는 아이'가 되기 쉽다. 그리고 부모의 강압에 계속 맞서 싸우던 아이는 매사에 '반항하는 아이'가 되고 만다. 반대를 위한 반대로 치닫게 된다. 안타깝지만 이는 한 사람의 인생을 평생 동안 지배할 수도 있다.

물론 한번 어떤 유형이 보였다고해서 그 모습이 고정되어 지속되는 것은 아니다. 성실한 아이라고 생각했지만 어느 순간 반항하는 아이로 바뀌는 경우도 있고, 반항을 하지만 노골적으로 하는 게 아니라 형준 씨처럼 은밀하게 하는 경우도 있다. 특히, 청소년 시기에 사춘기가 나타나지 않은 사람들 중에는 뒤늦게 반항이나 방황이 시작되는 경우가 흔하다.

만약 한 사람의 내면에 반항의지가 주를 이루게 되면 그 반항의 표적이 되는 관계는 파국으로 치닫는다. 특히, 가족처럼 그 관계를 끊으려고 해도 끊을 수 없고 함께 살 수밖에 없는 경우에는 '적대적 밀착oppositional enmeshment' 관계를 이룬다.

만약 부모와 자녀가 적대적밀착 관계라고 하면 자녀는 흔히 두 가지 형태의 반항을 보인다. 첫째는 사소한 문제 하나하나까지 부모를 이기려고 하거나 자기식대로만 한다. 적극적 반항이라고 할 수 있다. 둘째는, 겉으로는 불만을 표출하지 않지만 최소한의 할 일만 하며 자기 삶을 방치하는 것이다. 일종의 소극적 반항이다.

정신의학에서는 후자를 '수동공격적 행동passive-aggressive behavior'이라고 이야기한다. 자기가 해야 할 일임에도 그것을 상대가 바란다고 생각하면 하지 않거나 오히려 안 하는 것만 못하게 해버리는 경우도 다반사이다. 예를 들면, 집에서 걱정할 줄 뻔히 알면서도 연락하지 않고 외박하거나, 여러 번 불러도 못들은 척 대답하지 않는 식이다. 그렇다고 이들을 단순히 나쁜 사람이라고 규정짓고 비난할 수만은 없다. 이들은 뒤늦게라도 그렇게나마 분노와 반항심을 표출하고 있기 때문이다.

이들은 기대에 대한 저항이 두드러진다. 상대가 자기에게 무언가를 바란다고 생각하면 그 기대에 무의식적으로 저항하는 것이다. 그렇기에 격려나 관심을 늘 부정적인 시선으로 본다. 이들은 상대방으로 하여금 자기에게 아무것도 요구하거나 기대하지 않기를 바라는 것처럼 행동한다.

태어났으니 어쩔 수 없이 산다

문제는 타인의 기대뿐 아니라 자신의 기대에 대해서도 저항한다는 점이다. 이들은 자기를 잘 돌보지 않고, 되고 싶은 것도 이루고 싶은 것도 없이 살아가기 쉽다. 자기가 싫어하는 사람과 밀착되어 있기에 자신을 잘 챙기는 것은 상대를 위하는 것이 되어버리고, 반대로 자신을 함부로 대할수록 상대에게 복수를 하는 것이 된다.

형준 씨는 어머니에 대한 반감이 컸다. 자기 뜻과 상관없이 중학교에 올라가자마자 밤늦은 시간까지 학원을 다니며 과학고 입시를 준비해야 했다. 그러나 결과는 실패였다. 부모의 실망은 컸다. 형준 씨 역시 깊은 자괴감에 빠졌다. 그렇다고 부모의 기대를 저버릴 수는 없었다. 자신을 위해 희생한 것을 알기에 일반고에 들어간 뒤로도 열심히 공부했다. 그리고 서울에 있는 대학에 진학할 수 있었다.

그러나 그는 군대를 다녀온 뒤, 철학이나 심리학책을 보면서 자기에게 있는 많은 문제가 부모 때문이라고 생각하게 되었다. 그렇다고 반항을 적극적으로 한 것은 아니다. 그냥 자기가 할 일을 하지 않고, 미래를 준비하지 않음으로써 부모에게 복수하는 방식이었다.

물론 스스로는 복수라고 생각하지 않는다. 자기 철학이라고 생각한다. 그는 세상뿐 아니라 자기의 인생에 대해서도 염세적으로 바뀌었다. 그냥 태어났으니 어쩔 수 없이 사는 수밖에 없다고 생각했다. 배고프더라도 꼭 필요한 만큼만 벌고 그냥 하고 싶은 것을 하고 사는 것이야말로 이 사회시스템에 대항하는 자기만의 방식이라고 생각했다.

그에게 어머니와 사회시스템은 본질적으로 동일했다. 그가 주장하는 대안적인 삶이란 사회가 자기에게 요구하고 있는 것을 거부하는 삶이었다. 그렇다고 그 반항이 적극적인 것은 아니었다. 어머니에게 반항다운 반항을 보인 적이 없듯이 이 사회시스템에 대한 반항도 소극적이었다.

그는 상담을 통해서 자기 안의 분노와 반항심을 들여다볼 수 있었다. 그는 자기 삶을 방치할수록 그 원인 제공자인 상대의 책임은 더욱 커진다고 느끼고 있었다. 뒤늦게 그는 자신이 여전히 부모와 융합되어 있음을 자각하게 되었다. 그리고 반항심에 담긴 진정한 자기 욕구에 주목하게 되었다.

그가 진짜로 원하는 것은 결국 자기 삶을 살아가는 것이었다. 부모의 기대대로 살아가는 것도 아니고, 부모의 기대에 반대하며 살아가는 것도 아닌 자기 욕구에 충실한 삶을 말이다.

🐌 **나에게 질문하기**

내 삶의 의지는 어떤가?

긍정의지에 의해 주도되고 있는가?

아니면 부정의지에 의해 주도되고 있는가?

5. 자기에게 너무
    몰두되어 있는 사람들

　대학생 기준 씨는 최근에 여자친구에게 헤어지자는 통보를 받았다. 그 이유는 늘 자기 고민 속에 빠져 사는 모습이 싫다는 것이었다. 사실 그도 그런 자신이 싫다. 나약하고 한심하게 느껴진다.

　실제로 기준 씨는 생각과 고민이 너무 많다. 잠자리에 누울 때면 낮 동안 했던 자신의 말과 행동에 대해서 곱씹어 보고, 다른 사람들에게 자신이 어떻게 비추어졌을지 고민하고, 졸업과 취업은 제대로 할 수 있을지 미래에 대한 걱정도 끊이지 않는다.

　그동안 여자친구를 만나는 것도 부담스러웠다. 여자친구가 적극적으로 다가와서 연애를 시작했지만 어디서 만날지, 만나서 무엇을 할지 등 작은 선택도 쉽지 않았다. 항상 여러 경우의 수를 따지다 보면 만나는 것 자체가 스트레스였다. 스스로도 답답한데 여자친구도 그랬을 거라 생각하니 별로 붙잡고 싶은 마음도 들지 않았다.

그는 자기에 대한 생각이 너무 많다. 길을 걸을 때에도 거리의 풍경은 잘 들어오지 않고, 영화를 보거나 음악을 들어도 자신과 관련해서 생각한다. 사람들과 함께 있을 때에도 자기 생각에 빠져 다른 사람들의 이야기를 놓치는 경우가 많아 끝나고 나면 무슨 이야기를 했는지 잘 기억이 나지 않는다.

건강한 마음이란 무엇인가

세상은 크게 보면 외부세계와 내부세계로 나뉜다. 흔히 '마음'이라고 일컫는 내부세계는 외부세계를 잘 지각하고 대처하기 위해 존재한다. 그러므로 건강한 마음이란 외부세계와 내부세계가 잘 연결되어 있고, 조율이 이루어진 상태를 말한다. 쉽게 말해 우리의 의식을 열 개의 안테나로 비유한다면 다섯 개는 외부세계로, 그리고 다섯 개는 내부세계로 향해 있어야 한다.

그런데 많은 현대인들은 불균형에 빠져 있다. 내부세계가 빈약한 사람들은 외부의 자극에 이끌려 자동적으로 살아가기 쉽고, 외부세계가 빈약한 사람들은 자기 생각에 갇혀 현실과 동떨어져 살아가게 된다.

기준 씨의 경우에는 의식이 너무 자기 안으로만 향해 있다. 이렇게 환경과 상호작용을 잘 하지 못하고 자신의 내부에만 지나치게 주의를 기울이고 있는 자아 상태를 '자기몰두self absorption'라고 한다.

정상적인 주의는 융통성 있게 안과 밖을 오가는데 자기몰두된 이들은 주의를 다른 곳으로 돌리지 못하고 자신의 내적인 측면에만 과하게 주의를 기울이는 경직된 상태를 보인다. 게다가 이들은 자신의 생각과 느낌을 사실이라고 믿는 '심리적 융합mind fusion' 상태에도 잘 빠진다. 예를 들면, '저 사람이 나를 싫어하는 것 같아'라고 느끼면 실제로 상대는 나를 싫어한다고 믿게 되고, '내가 쓸모없는 사람 같아'라고 생각하면 자신은 쓸모없는 사람이 되고 마는 것이다.

이들 역시 자신의 문제점을 안다. 자기에게 너무 몰입되어 있다는 것을 인정한다. 그러나 문제를 알고 있음에도 벗어나지 못한다. 자신에 대한 생각과 고민을 안 하려고 노력하지만 번번이 실패한다. 자신과 관련된 생각을 통제하려고 하지만 그럴수록 더 자기 생각에 빠진다.

결국 '늘 생각과 고민 속에 빠져 사는구나. 한심한 인간 같으니라고!' 하며 자책만 늘어난다. 이들은 스스로 잘 돌보기는커녕 점점 자기를 싫어하게 되고 자기를 비난하게 된다. 이는 개인의 문제만은 아니다.

지금은 자아과잉의 시대

우리는 지금 자아과잉의 시대를 살고 있다. 이 시대만큼 '나' '자아' '자기'라는 말이 넘쳐난 때가 언제였던가! 과거에는 사회활동의 단위가 집단이나 관계였다면 이제는 개인으로 바뀌었다. 대표적으로 사진만 해도 그렇다.

예전에 카메라는 다른 사람이나 풍경을 촬영하기 위해 존재했다. 그런데 이제는 셀카(영어로는 selfie)가 중심이 되었다. 내가 나를 찍는 것이다. 그만큼 외부로 향해야 할 의식의 초점이 자기로 옮겨졌다. 그에 따라 우리는 끊임없이 자신에게 주의를 기울이고 자신에 대해 생각하고 평가한다. 이러한 자아과잉은 나르시시즘과 자기불화 등의 많은 문제를 야기하고 있다.

사실 인간만 자기를 인식하는 것은 아니다. 1970년 미국 툴레인대학교 심리학과 고든 갤럽Gordon Gallup 교수는 《사이언스Science》에서 침팬지가 거울 속에 비친 자기 모습을 자신이라고 인식한다는 사실을 증명해 보인 바 있다.

마취를 시킨 후, 침팬지의 한쪽 눈썹 위에 빨간 반점을 그려놓으면 깨어난 침팬지는 거울 앞에서 그 부위를 자주 쳐다보고 손가락으로 문지른다. 돌고래, 코끼리, 까치도 이 '거울 마크 테스트mirror mark test'를 통과하는 것으로 알려져 있다. 그러나 이러한 신체적 자기인식이 아니라 자기라는 정신적 개념을 지닌 '정신적 자아ego'를 가지고 있는 것은 인간뿐이 아닐까 싶다.

인간은 자신이 어떤 존재인지에 대한 자기개념을 가지고, 자신의 행동이나 성격 등에 평가하고, 자신에게 바라는 이상적인 자아상을 가지고 있다. 이러한 정신적 자아는 빛과 어둠을 모두 지니고 있다.

정신적 자아가 있기에 우리는 계획을 세우고 충동을 조절하고, 의식적인 결정을 하고, 자기를 돌아보고, 역지사지하는 마음을 가질 수 있다. 반대로 정신적 자아가 강해지면 자신에 대한 생각이 많아져서 세상에 대한 인식이 왜곡되고, 자신에게 비현실적인 기준을 적용하고 비난하고, 자기중심적으로 될 수 있다. 즉, 정신적 자아로 인해 삶을 더 잘 살아갈 수도 있지만 자아로 인해 삶이 엉망이 될 수도 있다.

중요한 것은 자아의 기능을 잘 활용하되 그 함정에 빠지지 않는 것이다. 내부세계와 외부세계의 균형과 유연한 초점을 유지할 수 있어야 한다. 자신에게 주의를 기울여야 할 때 주의를 기울이고, 외부에 주의를 기울여야 할 때 외부에 주의를 기울이는 스위치가 잘 작동되어야 한다. 즉, 자아의 스위치를 켜고 끌 수 있는 능력을 필요로 한다. 이것이 어떻게 가능할까?

이는 자신과 관련된 생각을 안 하겠다고 결심한다고 해서 되는 것은 아니다. 외부세계를 반영하는 신체적 자아 즉, 감각에 주의를 기울이는 것이 중요하다. 감각이 살아나면 우리의 생각은 완화되고 세상과 연결되며 지금을 살아가게 된다. 이는 5장에서 자세히 설명하고자 한다.

나에게 질문하기

당신의 자아는 순기능이 큰가? 역기능이 큰가?

자신에게 주의를 기울일 때와 외부에 주의를 기울여야 할 때를

구분하고 전환할 수 있는가?

6. 나는 어떻게 되든 상관없어. 너만 잘된다면!

"모든 게 내 탓이에요. 내가 아이들을 다 망쳐놨어요."

주부인 현정 씨는 심한 죄책감을 호소했다. 가족 특히, 아이들에게 큰 죄를 저지른 것 같아 그녀에게 어떤 죄를 지었는지 물어보았다.

"그냥 내가 죄인이에요. 애들이 이런 엄마를 만난게 잘못이에요."

현정 씨는 딱히 어떤 잘못을 꼬집어 이야기하지 않았다. 그냥 울면서 자기가 죄인이라는 이야기만 되풀이했다. 좀더 이야기를 차분히 들어봐야 할 것 같았다.

그녀의 어린 시절은 힘든 기억이 많았다. 출생부터 그랬다. 혼외관계에서 태어났는데 친아버지는 무책임한 사람이었다. 호적에만 올라갔을 뿐 어려서부터 아버지 없이 어머니와 단둘이 살았다. 남들 다 있는 가족사진 한 장이 없었다. 아버지가 없다는 사실은 그녀에게 무엇으로도 대체할 수 없는 콤플렉스였다. 그냥 아버지가 일찍 돌아가셨다고 거짓말을 했다.

그렇기에 그녀는 어려서부터 정상적인 가정을 이루는 것이 삶의 목표였다. 그녀에게 정상적인 가정이란 아버지와 어머니 그리고 자녀 둘이 있는 4인 가족을 의미했다. 결혼한 후 자녀도 아들, 딸을 낳아 그녀의 목표는 이루어진 듯했다.

문제는 부부관계였다. 남편은 처음에는 그녀의 어린 시절을 감싸주는 것 같았지만 시간이 지날수록 그녀를 무시했다. 자기를 무시하는 것은 견딜 수 있었지만 자기 집안을 무시하는 것은 큰 상처가 되었다. 그러다가 남편의 외도 사실을 알게 되었다. 부부싸움은 점점 격해졌다.

언제부터 남편은 싸움이 벌어지면 집을 나가버렸다. 며칠씩 들어오지 않았다. 연락도 하지 않았다. 억울하지만 먼저 연락을 하는 것은 그녀였다. 그렇게 전화를 해야 남편은 집에 왔다. 남편은 점점 말을 하지 않았다. 밖에서는 아무 일 없는 듯 다녔지만 집에 오면 서로 남남처럼 지냈다.

남편과의 관계가 엇나갈수록 그녀의 마음은 더욱더 아이들에게 향했다. 자기를 돌보지는 않지만 자식들만큼은 정성을 다했다. 자기처럼 살게 하고 싶지는 않았던 것이다. 부족한 것 없이 키우고 구김살 없이 자라게 하고 싶었다.

아무리 힘이 들어도 아이들에게는 최대한 밝게 보이려고 애를 썼다. 항상 아이들부터 먼저 먹이고 남은 음식을 나중에 먹었다. 아이를 위해서는 고액의 학원비를 아낌없이 썼지만 자기를 위해서는 옷 한 벌 사지 않았다. 몸이 아파도 병원에 잘 가지 않았다.

심지어 자기가 아프거나 안 좋은 일이 생기면 다행이라고 느끼는 때도 있다. 안 좋은 일은 자기가 다 가지고, 아이들에게는 좋은 일만 생기기를 바랐다. 그녀는 자기가 행복을 덜 가질수록 자식이 더 많은 행복을 가질 것이라고, 자신이 불행을 겪을수록 자식이 겪을 불행이 덜어진다고 생각하고 있었다.

다행히 아이들은 착하게 자라주었다. 큰아이는 공부도 잘했다. 아이들만큼은 늘 자기 편이 되어주었다. 아이들이 잘 자라만 준다면 아무것도 부러울 게 없을 것 같았다. '너희만 행복할 수 있다면 나는 어떻게 되어도 상관없어!' 그런 마음으로 아이들을 길렀다.

그러나 큰아이 민호의 문제로 그 희망은 송두리째 무너졌다. 그렇게 엄마를 챙기던 큰아이가 고등학생이 되면서 엄마를 점점 피했다. 꼭 필요한 말이 아니면 하지 않았다. 불만이 가득한 얼굴이었다. 그러나 물어봐도 이야기를 하지 않았다. 성적도 점점 떨어졌다.

어느 날 아이가 옷을 갈아입는 것을 보면서 자해를 하고 있는 사실을 알게 되었다. 눈에 보이지 않는 어깨나 허벅지 부위에 커터 칼로 그어놓은 자해 흔이 여러 군데 있었다.

그녀는 절망감에 주저앉고 말았다. 아이들만이 희망이었는데 그 희망이 산산조각이 난 느낌이었다. 지금까지 애써온 자신의 모든 노력이 물거품이 된 것 같았다. 시간이 지날수록 모든 게 자기 잘못처럼 느껴졌다. 자기가 남편을 밖으로 내몰고 자식들도 망가뜨린 것 같아 너무 괴로웠다.

부모의 희생 속에 자란 아이들

시대가 바뀌었지만 여전히 자기는 어떻게 되든 상관없고 자식이 잘되기만을 바라는 부모가 많다. 이들은 자기를 희생할수록 자녀의 행복과 성공은 커진다고 믿는다.

과연 부모의 희생 속에 자라난 아이들은 행복할 수 있을까? 그렇게 된다면 다행이다. 그러나 그렇게 희생했음에도 부모 자신은 물론 자녀까지 행복하지 못한다면 이런 비극이 또 어디에 있을까?

안타깝게도 희생적인 부모 아래에서 자란 자녀는 행복할 수 없다. 희생적인 부모는 늘 자녀의 행복을 원한다고 생각하지만 정작 이들은 자녀 고유의 행복에는 관심이 없고, '자기가 살지 못한 삶'을 자녀가 살아가기를 바랄 뿐이다.

그렇기에 희생적인 부모 아래 자란 자녀들은 늘 긴장되어 있고, 제대로 놀 줄 모르고, 누군가의 기대에 미치지 못할까 걱정하고, 정작 자기가 무엇을 좋아하는지조차 모른다. 이들은 부모의 희망이 되어 그들의 기대대로 삶을 살아가거나 아니면 그 답답함을 견디지 못하고 그 기대에 맞서 일탈과 투쟁을 벌인다.

순응이든 저항이든 공통적인 것은 이들은 자기가 원하는 삶을 살아가지 못한다는 것이다. 이들은 행복의 주체가 되지 못한다. 더 큰 문제는 자기를 위해 모든 것을 희생하는 부모에게 사랑과 안타까움을 느끼면서 동시에 질식감과 분노를 함께 느낀다는 것이다. 그리고 그런 부정적인 감정을 갖고 있는 자신을 끊임없이 책망하고 비난하게 된다. 자기를 위해서 얼마나 애쓰는데 그런 부모를 미워하다니! 많은 경우 그 미움과 분노는 고스란히 자기 자신에게 향한다.

물론, 부모의 희생으로 눈에 띌 만큼 외적 성취를 이루는 경우도 있다. 그러나 그렇다고 하더라도 외적 성취와 달리 그들 내면은 황폐하기 그지없다. 자기는 어떻게 되든 상관없고 너만 잘되면 된다는 부모의 자기희생적 태도와 삶에 대한 불행감은 그의 영혼 깊숙이 스며들기 때문이다.

이렇듯 희생은 서로의 삶을 파괴하는 은밀한 통제와 폭력이 되기 쉽다. 사실 자기를 사랑하지 않는 상태에서 나타나는 이타성은 이기성의 다른 모습일 수 있다. 그 희생에는 상대의 모습대로가 아니라 자기 기대대로 살아가기를 바라는 통제욕구가 자리 잡고 있기 때문이다.

나는 정말 자녀가 잘 살기를 바라는가

타인을 잘 돌보려면 우리는 자신부터 잘 돌봐야 한다. 사랑받지 못해서 슬퍼하고, 원망하고, 화가 나 있는 자신을 먼저 돌봐야 한다. 그렇지 못하면 다른 사람을 자기 문제를 해결할 수단으로 이용하게 된다. 즉, 상대를 있는 그대로 바라보지 못하고 나를 위로하고 구원해 줄 대상으로 삼게 된다. 대표적인 경우가 자녀이다. 겉으로는 희생과 헌신으로 보이지만 사실은 부모가 자신의 필요에 의해서 아이를 이용한다는 점에서 일종의 학대라고 할 수도 있다. 타인을 통해서 해결하려는 것을 스스로 해결해 나갈 수 있을 때 우리는 온전히 상대를 있는 그대로 사랑할 수 있다.

그러므로 자녀에게 희생하는데도 관계가 나빠지거나 자녀가 제대로 성장하지 못한다면 이 질문을 자신에게 던져야 한다.

'나는 정말 자녀가 잘 살아가기를 바라는가?' 아니면 '내가 살지 못한 삶을 자녀에게 요구하고 있는 것인가?' '나의 희생이 자녀가 잘 살아가는 데 정말 도움이 되고 있는가?'

그렇다고 희생이 필요하지 않다는 이야기가 아니다. 아이가 어릴수록 부모는 많은 것을 희생해야 한다. 하지만 균형이 필요하다. 아이들이 자랄수록 아이의 세계를 인정해 주고 자신에게도 에너지를 돌려야 한다. 자녀가 잘 살도록 돕는 것처럼 자기가 잘 살아가도록 돕는 것이 필요하다.

부모가 자기 삶을 살아갈수록 아이 역시 자기 삶을 살아가게 된다.

🐚 나에게 질문하기

나는 나를 돌보고 있는가?

나의 삶을 살아가고 있는가?

7. 모두 다
나를 싫어해

아무리 '자기 PR의 시대'라고 하지만, 주변을 보면 습관적으로 자기 비하의 표현을 내뱉는 이들이 많다. '난 구제불능이야' '내가 아는 게 있어야지' '내가 할 줄 아는 게 있나' '이런 나를 누가 좋아하겠어' '네가 봐도 내가 한심하지?' 같은 말들은 그 표현은 참 다양하지만 결국 '나는 못났다!'는 뜻으로 귀결될 수 있다.

물론 누구나 뜻대로 일이 잘 풀리지 않거나 안 좋은 평가를 받을 때 속으로 자신을 비하할 수 있다. 그런데 습관적인 자기비하에 빠진 이들 중에는 속으로만 그렇게 생각할 뿐 아니라 끊임없이 주위 사람들 앞에서 자기비하를 하는 경우도 많다. 그리고 그 정도가 너무 심하고 부적절하다. 무슨 일이 잘못되어서 그렇다면 이해라도 하겠지만 상황에 맞지 않게 계속 자기비하를 하는 일이 종종 생기기 때문이다.

주변 사람들은 안타까운 마음에 처음에는 잘 들어주고 그렇지 않다고 이야기해준다. '아니야! 네가 말하는 것보다 너는 좋은 사람이야' '아니야, 넌 괜찮아. 너는 너 나름의 매력이 있어' '그렇지 않아. 잘하고 있어'라고 지지를 해준다.

그러나 습관적으로 자기비하를 하는 이들은 그런 이야기를 받아들이지 않는다. 계속해서 자기비하를 반복할 따름이다. 결국 시간이 지날수록 주변 사람들은 지친다.

자기과장과 자기축소

왜 이들은 다른 사람들 앞에서 이토록 자기를 비하하는 것일까? 주변을 보면 정반대로 자기를 부풀리고 과장하는 사람들이 있다. 쉽게 이야기하면 잘난 척, 아는 척, 있는 척하는 사람들이다. 하나 아는 것을 마치 세 개, 네 개 알고 있는 것처럼 부풀린다.

사실 이는 인간뿐이 아니다. 동물들 역시 몸집을 크게 보이려고, 더 화려하게 보이려고 자기를 과장한다. 이러한 '자기과장self-inflation' 전략은 생존과 번식에 도움이 된다.

그러나 동물의 세계에서도 예외적으로 더 작고, 더 약하고, 더 추하게 보이려고 하는 경우도 있다. 예를 들면, 재갈매기를 포함한 몇몇 바닷새 새끼들은 몸집을 작아 보이게 하고 더 어려 보이게 행동한다.

이러한 '자기축소self-diminution' 전략은 어떤 도움이 될까? 그렇다. 약하게 보이거나 어려 보이기 때문에 부모의 보살핌을 더 오래 받을 수 있다. 즉, 사람들 앞에서 자기를 비하하는 사람들의 마음에는 이런 의도가 있다.

첫째, 사람들에게 더 가까이 다가가고 싶다는 마음이다. 이들은 그 정도가 심하긴 하지만 사실 자기를 덜 위협적이고 약하게 보임으로써 상대의 경계를 느슨하게 만들고 안심시키려고 한다. 이들의 자기비하는 '나를 편하게 대해줘도 돼!'라는 뜻의 표현인 것이다. 물론 그 자기비하가 지나치다면 종종 '나를 함부로 대해줘도 돼!'로 전달되고 만다.

둘째, 관심이나 보살핌을 받고 싶다는 마음이다. 상대에게 다가가지만 이들이 원하는 것은 수평적인 친밀함이 아니다. 자기는 약하고 문제가 있으니까 다른 사람들로부터 돌봄과 도움을 받아야 한다고 이야기하고 싶은 것이다. 마치 아이가 어리광을 부리고 꾀병을 부리는 것이 부모의 돌봄을 더 받고 싶어서인 것과 유사하다. 이들은 의존적인 성향을 가지고 있고 자기 문제를 누군가 해결해 주기를 바란다.

셋째, 자기 책임을 최소화하고 비난을 피하고 싶다는 마음이다. 이들은 자기가 다른 사람들의 기대에 미치지 못하거나 자기에 대해 실망하는 것을 두려워한다. 이를 방지하는 것은 자기에 대한 기대를 낮추고 평가당할 일을 최소화하는 것이다. 그러므로 자기에게 주어지는 선택과 책임을 버거워하고 피한다. 이들은 흔히 자기 지식이나 능력을 비하하거나 나아가 자기 존재 자체를 비하한다. 자기비하는 자기 책임을 최소화함으로써 사람들의 실망과 비난을 피하기 위한 방책이 된다.

이러한 심리적 의도는 어릴 때는 효과가 있을 수 있다. 돌봄을 받는 시기이기 때문이다. 그리고 관계를 맺는 초기에는 사람들의 연민이나 동정심을 유발하여 관심과 도움을 이끌어낼 수도 있다. 그러나 성인이 되어서도 계속 사람들 앞에서 자기비하를 일삼게 되면 결국 무시를 당할 수밖에 없다. 자기가 원래 의도했던 것과 달리 계속 함부로 대해도 괜찮다는 신호를 전하기 때문이다.

문제는 이들은 상대가 지쳐서 멀어지거나 자기를 함부로 대하면 과장된 자기비하를 더욱 사실로 받아들인다. '봐! 모두 다 나를 싫어하잖아' '나는 형편없는 사람 맞지?'가 되어버린다. 자기가 믿고 싶은 대로 자기 자신을 만들어가는 것이다.

༄ 나에게 질문하기

나는 다른 사람 앞에서 자신을 자주 비하하는가?

그렇다면 그 자기비하 속에는 어떤 의도가 있는가?

8.　나는 처음부터
　　　잘못된 존재인가

　종종 왜 정신과의사가 되었느냐고 묻는 이들이 있다. 한마디로 사는 게 힘들어서였다.

　나 역시 나와의 오랜 불화를 겪었다. 오랜 시간 동안 나의 부족함에 집착했다. 아홉을 잘해도 하나 못한 것에 대해 안달복달했다. 특히 숫기가 없고, 운동을 잘 못하고, 고민이 많고, 남들 앞에서 긴장하는 모습이 너무 싫었다.

　고등학생 때에는 대인불안이 심해져서 가게를 들어가지 못할 정도였다. 아무 일 없는 날에도 삶이 버겁게 느껴졌다. 대학생이 되자 삶은 더욱 힘들어졌다.

　정신과의사가 되고 나서야 내가 나를 바라보는 시선이 사실은 아버지가 나를 바라보는 시선과 흡사하다는 것을 알게 되었다. 완벽주

성향이 강한 아버지는 늘 자식들이 마음에 들지 않았다. 잘하는 것은 당연한 거고, 못하는 것을 가지고 혼내기만 했다. 당신의 좌절된 꿈을 자식들이 대신 이루어주길 바랐고, 자기가 살지 못한 삶을 자식들이 살아가도록 원했다.

사실 겉으로 보이는 아버지의 완벽주의 성향은 내면의 자기멸시에 따른 반작용이었다. 문제는 아버지의 바람은 격려가 아닌 강요로, 지지가 아닌 비난으로 이어졌던 것이다. 그러한 시선은 나도 모르게 내면화되었다. 못마땅한 자식은 못마땅한 자신이 될 수밖에 없었다.

집 밖에서는 늘 밝은 아이

나는 집에서는 많이 혼났지만 밖에서는 늘 웃고 다녔다. 다른 아이들을 곧잘 웃기곤 했다. 사람들이 나를 보면 원래 밝은 사람이라고 생각할 정도였다. 그러나 그중에 팔 할은 내면의 어둠을 감추기 위해 꾸며낸 밝음이었다. 그 밝음은 혼자 있을 때는 그냥 꺼져버렸다. 나는 늘 나만의 은신처를 찾아 숨어 지냈다.

사춘기 이후로는 어둠이 더 커졌다. 남들을 더 많이 의식하게 되었고 내가 더 싫어졌다. 말 하나 표정 하나 행동 하나가 다 신경 쓰였다. 그럴수록 나는 나에게 더 많은 것을 요구하기 시작했고 나의 부족함은 점점 크게 느껴졌다.

자기반성은 점점 비난으로 이어졌다. 반성이 도움이 되었던 적도 있었을 테지만 결국 악순환이었다. 고등학생 때 나는 몸에 스스로 상처를 내기 시작했다. 그렇게라도 해야 반성을 하는 것 같았고 내가 달라질 것만 같았다.

대학에 가서는 자해의 방식이 바뀌었다. 내가 싫어질 때마다 주로 산에 갔다. 다른 사람 앞에서는 산을 좋아해서라고 말했지만 사실은 숨고 싶었다. 아니 벌을 주고 싶었던 마음도 컸다. 어떻게든 나를 혹사시키고 나면 그나마 마음이 편해졌다. 그렇기에 늘 한계상황까지 나를 몰아붙였다. 제대로 쉬는 시간 없이 빠른 시간 안에 정상까지 올라갔다가 내려오는 것이었다. 그 당시에는 나름 극기 훈련이라고 생각했다.

위기는 계속 이어졌다. 본과 3학년이 되자 불안과 혼란이 커졌다. 학교를 다닐 수가 없었다. 부모님 몰래 휴학을 했다. 매일 학교를 나가는 척하고 혼자 돌아다녔다. 무언가 돌파구를 마련하고 싶었지만 무엇을 해야 할지 몰랐다. 의미 없는 시간이 지나갔다. 그런 나 자신이 싫었다.

한번은 뭔가 자극이 필요할 것 같아 지리산 종주를 떠났다. 준비도 제대로 안 한 상태에서 야간에 무리하게 산행을 했다. 조금만 더 가서 자겠다고 욕심을 부리는 바람에 급기야 길을 잃고 밤새 헤맸다. 한 걸음도 내딛기 힘들 만큼 탈진했다. 결국 바위 밑에서 토막잠을 잤다.

새벽이 되자 지나가는 등산객이 깨워주었다. 몸은 더 등산할 수 없는 상태였다. 그럼에도 포기할 수 없었다. 여기서 포기하면 아무것도 할 수 없다고 생각했다. 꾸역꾸역 정상까지 올라갔다. 정상에 섰지만 아무 느낌도 없었다. 내려오는 길에 다리가 완전히 풀려서 계속 고꾸라졌다. 하산길에 눈물이 났다. 그리고 이런 질문이 떠올랐다.

'나는 왜 나를 이렇게 대하고 있는가?'

이후 그 질문이 떠나지 않았다. 답은 쉽게 떠오르지 않았다. 답답했지만 그렇다고 그 질문을 놓아버리고 싶지 않았다. 1년 휴학을 하고 방황 끝에 나는 정신과의사가 되기로 결심했다. 내 문제를 해결하고 싶었다.

정신과의사를 하면서 나와 비슷한 문제를 겪는 이들을 참 많이 만났다. 그들 역시 영문도 모르고 자신을 싫어하고 괴롭히고 있었다. 나는 그들에게 똑같은 질문을 던졌다.

'당신은 왜 당신을 그렇게 대하고 있습니까?'

그것은 그들에게 던지는 질문이면서 동시에 나에게 던지는 질문이었다. 그 과정에서 내가 나를 그렇게 대할 수밖에 없었던 이유를 하나둘씩 이해하게 되고 설명할 수 있게 되었다. 내 문제가 무엇인지 설명할 수 있게 되자 나를 다르게 대할 수 있는 선택지가 내 앞에 열렸다.

이제는 내면화된 못마땅한 시선을 거둘 때

우리는 다른 사람과의 관계에 정말 신경을 많이 쓴다. 가까운 사람이 하는 말 한마디 한마디 신경을 쓴다. '저 사람은 나를 어떻게 생각할까?' '저 사람은 왜 나에게 그 말을 했을까?' 하면서 말이다.

그러나 정작 자신과의 관계에는 신경을 쓰지 않는다. 자기를 어떻게 대하는지 주의를 기울이지 않는다. 누군가의 작은 비판에는 파르르 떨면서 자신을 송두리째 비난하는 자기 목소리에는 별다른 저항조차 하지 못한다. 게다가 우리는 묻지도 않는다. 왜 자신을 그렇게 대하고 있는지를.

많은 사람들이 자기와의 관계를 바꾸기를 원한다. 자기에게 친절하기를 바라고 더 나아가 자기를 사랑하기를 바란다. 그러나 그것은 결심으로 가능한 일이 아니다. 자기를 왜 함부로 대하게 되었는지 자기이해에서부터 시작되어야 한다.

이 책을 보는 당신도 젊은 날의 나처럼, 그러지 말아야 한다고 생각하면서도 자꾸 자신을 함부로 대하고 있을지 모르겠다. 그런 당신에게 전해주고 싶은 이야기가 있다.

'나는 왜 나를 이렇게 대하고 있는가?'라는 이 질문을 놓지 말기를 바란다. 바로 답이 나오지 않더라도 계속 물었으면 좋겠다.

물론 당신은 자신을 싫어하는 이유들을 여러 가지 가지고 있을 수 있다. 뚱뚱해서, 공부를 못해서, 소심해서, 키가 작아서, 돈을 별로 벌지 못해서, 예민해서, 덤벙대서, 좋은 대학을 나오지 못해서 등. 그러나 그것이 진짜 이유일까?

당신은 그 문제가 해결되어야만 자존감도 높아지고 성격도 좋아지고 친구도 많아질 것이라고 생각한다. 과연 그럴까?

우리는 자기 부족함 때문에 부정적인 자아상을 가지게 된 것이 아니라, 부정적인 자아상 때문에 자기 부족함에 집착하는 것이다. '내면화된 못마땅한 시선'을 거두어내지 않는 한 내적평화는 찾아오지 않는다. 자신을 끝없이 몰아붙인 결과가 자신의 근원적 문제를 해결해 주는 것이 아니라 더 깊은 구렁텅이로 빠뜨렸다는 사실을 깊이 자각할 때 그때서야 비로소 삽질을 멈추게 된다. 그리고 다시 이 질문을 맞닥뜨릴 것이다.

'나는 왜 나를 이렇게 대하는가?'

이러한 고질적인 자기비난의 습성을 약화시킬 수 있는 것은 진실뿐이다. 자기비난은 문제나 결점을 실제보다 확대시키고, 미래로 확장시키고, 문제를 존재와 일치시키려고 한다. 그러므로 자기비난이 들리면 우리는 무엇보다 진실을 살펴보아야 한다. '정말 그런가?'를 물어야 한다. '내가 정말 실패자인가?' '정말 해도 안 되는 것인가?' '내가 지금

할 수 있는 것이 정말 없는가?' '나라는 존재는 처음부터 잘못된 것인가?'라고 말이다.

자신에 대한 느낌과 생각에 대해 의문을 품고 질문을 던지는 것! 그것은 자신과의 관계를 재정립하기 위한 출발점이다. 이제 이 질문을 당신에게 드리고자 한다. 자신과의 관계를 새롭게 하기를 원한다면 당신은 이 질문을 놓지 말아야 할 것이다.

✿ 나에게 질문하기

나는 왜 나를 이렇게 대하는가?

왜 스스로를
괴롭히는가?

· · · · ·

우리가 자신을 심하게 괴롭히는 가장 큰 이유는 아물지 않은 상처 때문이다. 상처 난 마음과 건강한 마음은 그 구조와 작동방식이 다르다. 상처 난 마음은 수치심, 죄책감, 무력감이라는 핵심 감정을 형성하고 그에 바탕을 둔 부정적 신념을 형성하게 된다. '나는 근본적인 결함이 있어!'라는 자아상을 지니게 되는 것이다.

이를 인정하고 살아가는 것은 쉽지 않기에 방어기제로 '이상화'를 선택한다. 자기를 구원해 줄 수 있는 이상적인 대상을 찾거나 스스로 이상적인 사람이 되어 자기 문제를 모두 해결하기를 바라게 된다. 하지만 그러한 이상은 현실과 자기 자신에 바탕을 두지 않는 완벽에 가깝기에 이들은 더 깊은 자기비난의 수렁에 빠지게 된다.

과거에 겪었던 부정적 경험 때문에도 자기비난을 하지만, 이상과 현실의 불일치 때문에 비난에 또 비난을 덧붙이게 되기도 한다. 이는 시간이 지날수록 습관이 되어 마치 원래부터 그랬던 것처럼 자연스럽게 작동된다.

2장에서는 왜 우리가 자신을 싫어하게 되고 괴롭히는지 그 마음의 구조와 작동방식을 보여주고자 한다. 당신의 사연은 다르지만 그 마음의 구조와 작동방식은 유사하다.

1. 수치심 발작
그냥 숨고 싶어

대학원생인 정수 씨는 약속이나 모임에 참석했다가 종종 중간에 슬그머니 나간다. 사람들 앞에서 말실수를 하거나, 상대의 표정이 불편해 보이거나, 모임에 잘 섞이지 못한다고 느끼거나, 누군가에게 지적을 받는 일이 생기면 정수 씨가 하는 행동이다.

정수 씨는 그 순간 표정이 굳어지고 머리가 하얗게 되고 무엇보다 시선을 어디에 두어야 할지 모른다. 그 모습을 들킬 것 같아 잠시 밖에 나가거나 아예 핑계를 대고 집에 갈 때도 있다.

대학 시절에는 그런 일이 벌어지면 며칠씩 휴대폰을 꺼놓거나 학교에 안 나간 적도 있었다. 그냥 숨고 싶어진다. 그렇게 혼자 숨어 있다가 시간이 지나면 다시 세상으로 나간다.

그는 이런 모습을 숫기가 없기 때문이라고 생각하거나 우울증이라고 여겨왔다. 그러나 단순히 숫기가 없어서도 아니고 우울증도 아니다. 대부분은 상대가 자기를 싫어한다고 느끼거나 자기가 쓸모없다고 느끼거나 모임에서 배제되는 것 같은 사회적 상황과 관련된 반응이다.

특징적인 것은 그 순간 강렬한 신체반응이 동반된다는 점이다. 이는 마치 공황발작과도 비슷하다. 공황발작은 주변에 아무런 위험도 없지만 갑작스럽게 숨이 막히고 심장이 벌렁거리고 당장 쓰러질 것 같은 공포감을 느끼는 증상이다. 많은 이들은 이를 죽을 것 같은 신호로 해석하고 그 자리에서 도망치게 된다.

정수 씨도 그렇다. 몸에서 심한 동요가 올라오면 자동적으로 자신을 형편없는 사람처럼 느낀다. 그리고 다른 사람들 역시 그런 시선으로 자기를 볼 것 같아 그 자리에 버티고 있을 수가 없다. 결국 도망치고 만다. 이는 일종의 '수치심 발작shame attack'이라고 할 수 있다.

마음을 채색하는 핵심 감정

수치심은 발작적인 감정이다. 그리고 자기부정으로 이끄는 맹독성의 감정이다. 물론 독이 약한 수치심도 있다. 예를 들면, 교실에서 소리 나게 방귀를 끼거나 사람들 앞에서 실수를 지적받는 경우를 들 수 있다. 이는 누구라도 그 상황에 처하면 숨고 싶어지는 '보편적 수치심'이라고 할 수 있다. 흔히 말하는 '창피함'에 가깝다.

여기에서 말하는 수치심은 그런 큰 실수나 잘못이 없는데도 불쑥불쑥 엄습하는 '원초적 수치심'을 가리킨다. 그렇다면 원초적 수치심은 무엇일까? 이는 애착손상에서 비롯된 자기부정의 감정을 말한다.

애착손상이란 잠깐 애착욕구가 좌절되었다고 해서 생기는 것은 아니다. 아이가 양육자로부터 받아야 할 신체적, 정서적 돌봄을 받지 못하여 만성적으로 애착욕구가 좌절된 상태를 말한다.

애착은 아이에게 생존의 과제이기 때문에 애착손상이 되면 아이는 생존에 위협을 느끼며 아이의 신경계 발달에 손상을 일으킬 만큼 독성 스트레스로 작용한다. 사랑과 보살핌을 받아야 할 아이가 양육자로부터 반복적인 거절이나 방임 혹은 학대를 당할 때 아이는 자기 존재가 잘못되었다고 느끼게 된다. 이것이 바로 원초적 수치심이다.

원초적 수치심은 평생을 따라다니는 감정이다. 다른 감정들은 구름처럼 생겼다가 사라지지만 이 감정은 사라지지 않는다. 이것이 유년기의 수치심이 바탕감정으로 굳어지는 이유이다. 바탕감정이란 도화지의 각기 다른 바탕 색깔처럼 마음을 채색하는 핵심 감정을 말한다. 이는 한 사람의 감정 양식, 자존감, 대인관계 방식 등에 큰 영향을 미친다. 아동기의 부정적 경험이 많을수록 '수치심' '죄책감' '무력감'이라는 바탕감정이 만들어진다.

이러한 바탕감정은 자기와의 관계에 깊은 흔적을 만든다. 마치 영혼에 새겨진 문신과도 같다. 즉, 원초적 수치심은 자기감sense of self을 기형적으로 비틀어놓는다. '나는 처음부터 잘못되었다' 혹은 '나는 모든게 잘못되었다'라는 부정적 믿음을 만드는 것이다.

우리가 말하는 '낮은 자존감'의 가장 중요한 원인이 바로 원초적 수치심에 있다. 그러므로 원초적 수치심을 치유하지 않는 한 아무리 많은 성취를 이루어도 인정을 받아도 자존감 훈련을 해도 자존감은 본질적으로 회복되지 않는다. 원초적 수치심을 지닌 사람은 늘 문제와 존재를 구분할 수 없기 때문이다.

이들은 작은 실수나 잘못에도 걸핏하면 자신을 '잘못된 존재'라고 느낀다. 살면서 어떤 문제가 생기면 이들은 '어떤 문제가 생겼어'가 아니라 자동적으로 '난 근본적으로 문제가 있어' '결국 내가 문제야'라는 느낌에 휩싸이고 마는 것이다.

자기돌봄의 강력한 걸림돌, 수치심

그렇다면 건강한 성인은 자기 실수나 잘못, 약점 등에 대해 어떻게 느낄까? 아무런 감정도 느끼지 않아야 할까? 아니다! 인간이 인간다울 수 있는 것은 자기반성을 하기 때문이다. 사람은 반성을 통해 점점 사람이 되어간다. 이 반성은 기본적으로 이성의 작용이 아니라 자기반성의 감정을 지니고 있기에 가능한 것이다.

그 대표적인 자기반성의 감정이 바로 부끄러움과 후회, 자책감이다. 자책감이나 부끄러움은 수치심과 다르다. 자책감과 부끄러움은 자기가 한 '행위'가 잘못되었다고 느끼는 감정이라면 수치심은 자기 '존재'가 잘못되었다고 느끼는 감정을 말한다. 그렇기에 자책감과 부끄러움을 통해 우리는 자기 행위를 반성하고 개선할 수 있다.

그러나 수치심은 자기반성 시스템을 작동시키는 것이 아니라 자기비난 시스템을 작동시킨다. 개선으로 이어지는 반성이 아니라 문제를 심화시키는 비난으로 치닫는다. 이는 수치심이 맹독성의 감정인 이유이다.

수치심은 자기돌봄과 자기친절의 가장 강력한 걸림돌이다. 자기 존재 자체가 잘못되었다고 느끼는데 어떻게 자신을 돌볼 수 있겠는가! 그런데 상담을 하다 보면 원초적 수치심을 가지고 있는 이들이 많은데 정작 본인은 이를 부정한다. 즉, 수치심을 잘 인식하지 못한다. 그만큼 힘든 감정이기 때문에 어떻게든 감춰버리거나 다른 감정으로 이름 짓는다. 정수 씨가 수치심을 우울감이나 소심함이라고 명명하듯이 말이다.

만약 당신이 아무리 노력해도 낮은 자존감이 해결되지 않거나, 작은 실수 앞에서도 자꾸 도망치고 싶거나, 성취를 이루어도 늘 부족하다는 느낌을 떨쳐내지 못하거나, 자기를 사랑하려고 애를 써도 가식이라는 느낌에서 벗어날 수 없다면 마음속에 원초적 수치심이 감추어져 있을 수 있다.

그렇다면 어떻게 해야 할까? 공황장애는 사실 죽을 것 같지만 절대 죽지 않는 병이다. 그 공포는 실재하는 위험에서 비롯된 것이 아니라 두뇌 경보체계의 오작동이기 때문이다.

수치심 발작도 마찬가지이다. '내가 잘못된 존재'라는 그 느낌은 사실이 아니다. 당신이 잘못된 것이 아니라 잘못된 경험에서 비롯된 마음의 상처인 것이다.

🐚 자기와의 관계 이해하기

내 존재가 문제인가?

내 문제가 문제인가?

나와 나의 문제는 구분해야 한다.

2. **애착손상**
사랑받고 자랐는데
애정결핍이라니!

30대 초반의 간호사인 영미 씨는 연애를 하면 늘 같은 문제를 겪는다. 처음에는 마음을 잘 열지 않지만 한번 마음을 주고 나면 상대에게 너무 빠져버려서 헤어 나오지 못한다.

물론 연애할 때 서로에게 빠져 허우적거리는 열정의 시기가 있다. 그러나 영미 씨는 일도 소홀해 지고 친구들도 뒷전이고 자신에 대해서도 소홀해 진다. 자기가 좋아하는 운동이나 꾸준히 해온 신앙생활도 나 몰라라 한다. 늘 애인이 어디 있는지 확인하려고 하고, 주말 모든 시간은 애인과 보내려고 하고, 잠시도 연락이 되지 않으면 마음이 너무 불안해 진다.

그런 그녀를 보며 애인이나 주위에서는 '애정결핍'이 있는 것 같다고 이야기한다. 처음에는 인정할 수 없었다. 외동딸로 태어나 부모의 사랑을 받으며 부족한 것 없이 자라지 않았던가! 그러나 자기가 생각해도 다른 사람에 비해 과도한 사랑과 관심을 원하는 것을 보면 이제는 그런 면을 인정할 수밖에 없다.

하지만 여전히 자신이 애정결핍이라는 사실이 잘 이해되지 않는다. 실제 그녀의 어머니는 그녀를 낳고 일을 그만두고 양육에 힘썼다. 인스턴트 음식 한번 먹이지 않고 좋은 음식만 먹이며 키운 금쪽 같은 딸이 아닌가!

애정결핍이라는 말은 정신의학 용어는 아니지만 관계나 집단에서 과도한 애정이나 인정, 관심을 받으려고 하는 경우에 일반적으로 사용하는 표현이다. 당연한 이야기이지만 그 원인은 유아동기에 양육자로부터 받아야 할 애정이나 관심을 충분히 받지 못했기 때문이다. 그러므로 애정결핍은 다른 말로 하면 '애착손상'이라고 할 수 있다.

애착을 형성하는 두 가지 측면

영미 씨의 경우를 이해하려면 안정적 애착이 무엇으로 이루어져 있는지를 이해하는 게 필요하다. 안정적 애착은 크게 두 가지 측면에서 살펴보아야 한다.

첫 번째 측면은 접근성accessibility이다. 이는 아이가 필요할 때 그 옆에 양육자가 얼마나 있어 주느냐이다. 여기에서 중요한 점은 옆에 계속 있을수록 좋다는 것이 아니다. 이를 파악하는 게 늘 어렵지만 아이에게 필요한 만큼이다.

분리불안이 약화되기 전 약 3세까지 아이는 깨어 있는 모든 시간에 양육자가 옆에 있기를 바란다. 그러나 이후로는 무작정 옆에 있어 주기보다는 아이의 시공간을 마련하고 조금씩 아이 혼자 있는 시간을 허락해 주어야 한다. 애착욕구가 줄어들고 탐색욕구가 커지기 때문이다. 즉, 아이의 기질이나 시기에 따라서는 옆에 있어 주는 것만큼 옆에 있어 주지 않는 시간도 필요하다.

그런 의미에서 애착의 두 번째 측면인 반응성responsiveness이 중요하다. 이는 아이의 감정과 욕구가 무엇인지를 잘 알아차리고 그에 맞게 반응해 주는 것을 말한다. 아이가 칭얼거린다고 한다면 어떤 때는 배가 고파서일 수도 있고, 졸려서일 수도 있고, 더워서일 수도 있고, 똥을 싸서일 수도 있고, 안아달라는 의미일 수도 있다. 그런데 똥을 싸서 칭얼거렸는데 젖을 물려주면 어떨까?

애착의 측면에서는 접근성보다 반응성이 중요하다. 즉, 헌신적인 부모라고 하더라도 부모가 아이의 애착욕구에 대한 반응성이 떨어지면 얼마든지 애착손상이 생겨날 수 있다. 실제 그녀의 어머니는 딸을 안전하게 키우는 것에만 몰두했을 뿐, 그녀의 감정과 욕구에는 별 관심이 없었다. 심지어 대학생이 되어 라면을 먹는 것도 허락받아야 먹을 수 있었다. 그녀는 그것을 사랑이라고 생각했다.

트라우마라고 하면 전쟁, 지진, 고문, 강도나 성폭행 등과 같이 누구나 생존적 위협을 느끼는 끔찍한 사건을 떠올리기 쉽다. 하지만 트라우마는 유아동기 발달과정에서 양육자에 의해 일어나는 경우가 다반사이다. 미국 정신의학자 주디스 허먼Judith Hermann은 이를 일반적인 트라우마와 구분하여 '복합 트라우마'라고 명명했다.

일반적인 트라우마는 생존적 위협에 압도되어 대응력을 상실한 상태를 말한다. 그렇기에 무력감에서 벗어나 주체성을 획득하는 것이 그 회복의 핵심이다. 그러나 복합 트라우마는 무력감뿐 아니라 수치심과 죄책감이 따라온다. 일반적인 트라우마와 달리 트라우마를 가하는 사람이, 자기 생존을 책임지는 양육자이기도 하기 때문이다.

그렇기에 깊고 복잡한 상처를 남긴다. 게다가 유아동은 이를 인지하고 말로 표현할 수 없기에 그 후유증은 더더욱 크다. 어른이 되어 누군가와 만나 관계를 맺고 사랑을 하는 데 있어서도 깊은 영향을 미친다. 사람을 믿지 못하고 계속 거리를 둘 수도 있고, 반대로 자기를 버릴 것이라는 불안 때문에 계속 매달리는 모습을 취할 수도 있다. 두 가지 극단의 모습이 혼재해서 나타날 수도 있다.

🐌 자기와의 관계 이해하기

누군가를 사랑할 수 없거나 누군가에게서 벗어날 수 없다면
애착손상을 의심해 볼 필요가 있다.
사랑은 얼마나 많이 받았는가가 아니라
얼마나 적절하게 받았는가가 중요하다.

3. 아동기 부정적 경험
어린 시절의 불행이
내 발목을 잡는다

1985년, 내과전문의 빈센트 펠리티Vincent Felitti는 미국 샌디에이고의 카이저 퍼머넌트 병원에서 예방의학과 과장으로 일했다. 그는 비만 클리닉도 함께 운영하면서 질병 수준의 비만 환자들을 진료했다. 그 과정에서 이들 대다수가 어릴 때 성적 학대를 당한 경험이 있다는 사실을 발견했다. 1990년, 펠리티는 애틀랜타에서 열린 북미비만연구연합회의에서 환자 286명을 인터뷰해 그와 같은 사실을 발표했다.

이에 대해 일부 전문가들은 아주 냉담한 반응을 보였다. 그 환자들의 말을 어떻게 믿느냐는 것이었다. 그러나 질병통제예방센터CDC에서 나온 한 역학전문가는 이 발표에 관심을 갖고 좀더 표본수를 늘려 대규모 연구를 해 보라고 격려했다. '아동기 부정적 경험Adverse Childhood Experiences, ACE'에 대한 기념비적 연구가 시작된 것이다.

열 명 중 일곱 명이 부정적 경험을 하다

펠리티는 카이저 퍼머넌트 병원의 예방의학과에 찾아오는 환자 5만여 명을 대상으로 별도의 설문지를 작성했다. 아동기의 신체적, 성적학대나 신체적, 정서적 방임, 부모님의 이혼이나 사별, 정신질환, 중독, 수감 같은 가족 기능의 문제 등 아동기에 겪은 부정적인 경험을 세밀하게 분류할 수 있는 질문을 추가했다. 여기에는 실제 폭력을 당한 것이 아니라도 부모의 싸움에 계속 노출되었던 것도 포함된다.

전체 참가자 중 동의를 얻은 1만 7,421명의 응답을 분석한 결과, 아동기와 청소년기에 부정적 경험을 겪은 사람들이 생각보다 훨씬 더 많

안내: 아래는 아동기 부정적 경험 관련 10개 카테고리입니다. 만 18세가 되기 전에 아래 ACE 카테고리에 해당하는 경험을 하셨다면 각 카테고리 옆에 체크해 주십시오. 그리고 경험한 ACE 카테고리의 개수를 더한 후 아래에 총 개수를 적어주십시오.	
먹을 것이 충분하지 않거나, 더러운 옷을 입어야 하거나, 귀하를 보호하거나 보살펴줄 사람이 없다고 느꼈습니까?	
이혼, 사별, 유기 또는 기타 이유로 부모님을 잃었습니까?	
우울증, 정신질환을 앓거나 자살 시도를 한 사람과 같이 살았습니까?	
음주, 마약 또는 처방약 남용 등의 문제가 있는 사람과 같이 살았습니까?	
같이 사는 부모님이나 어른이 서로 구타하거나 협박한 적이 있습니까?	
전과자와 같이 살았습니까?	
같이 사는 부모님이나 어른이 귀하에게 욕설, 모욕하거나 비하한 적이 있습니까?	
같이 사는 부모님이나 어른이 귀하를 때리거나, 발로 차거나, 신체적으로 아프게 한 적이 있습니까?	
귀하를 사랑해 주거나 특별히 여기는 가족이 없다고 느꼈습니까?	
원치 않는 성적 접촉(애무 또는 구강/항문/질 성교/삽입)을 경험한 적이 있습니까?	

아동기 부정적 경험 설문지

출처: 캘리포니아 임상 자문위원회 2020. 06

은 것으로 드러났다. 대부분 괜찮은 의료보험에 가입해 있는 중산층 백인들이었음에도 이들 중에서 아동기에 부정적인 경험을 겪은 적이 있다고 대답한 사람이 3분의 2나 되는 것은 매우 의미 있는 지점이다.

이후 이에 대한 연구를 계속한 펠리티는 1998년에《미국 예방의학 저널*American Journal of Preventative Medicine*》에 로버트 안다Robert Anda와 함께 「아동학대 및 가정 기능장애와 성인기 주요 사망 원인들과의 관계: 부정적 아동기 경험 연구」라는 논문을 발표했다.

그 결과 아동기의 부정적 경험이 놀랍도록 흔하다는 것이다. 전체 인구 가운데 67퍼센트가 최소한 한 가지 부정적 경험을 했고, 네 가지 이상인 사람은 12.6퍼센트였다.

또한 아동기의 부정적 경험과 나쁜 건강 상태 사이에 '용량-반응 관계dose-response relationship'가 있다는 점이다. 즉, 부정적 경험을 많이 겪을수록 건강에 대한 위험도 크게 증가한다는 뜻이다. 네 가지 이상을 경험한 사람은 그런 경험이 없는 사람에 비해 심장병과 암에 걸릴 가능성이 2배 컸고 만성 폐질환에 걸릴 가능성은 3.5배 컸다.

이 연구는 아동기의 부정적 경험이 정신적, 신체적, 사회적 건강에 광범위한 영향을 미치고 있음을, 그리고 그 영향이 노년기까지 이어지는 것임을 밝혀주었다.

이처럼 아동기 부정적 경험은 신체적, 정신적, 사회적 건강을 총체적으로 위협하는데, 특히, 정신적으로 자기와의 관계와 자기조절력에 평생에 걸쳐 막대한 영향을 미친다.

'내가 문제야'

돌봄을 받아야 할 나이에 돌봄을 받지 못하고, 나아가 존재 자체를 부정당하고 거절당한다면 아이는 자기를 부정적으로 바라볼 수밖에 없게 된다. 자기에 대한 일차적 인식은 혼자 이루어지는 것이 아니라 중요한 이들에게 자기가 어떻게 받아들여지느냐에 의해 결정되기 때문이다.

애착은 아이의 생존전략이기 때문에 애착욕구의 좌절은 생존의 커다란 위협이다. 당신이 생존의 위협을 느낄 때 일어나는 반응을 상상해보라. 상상 이상의 격렬한 반응이 일어난다. 온몸의 스트레스 반응체계가 활성화되고 공포, 절망, 슬픔, 분노, 적개심 같은 감정이 들끓는다.

그러나 아이는 이러한 감정을 양육자에게 제대로 표현할 수 없다. 발달상 감정을 표현하는 능력도 부족하지만 어떻게 해서든 사랑받아야 하기 때문이다. 어떻게 상대를 증오하면서 의지할 수 있겠는가! 상대가 밉고 분하고 슬프지만 그 파괴적인 마음은 고스란히 자신에게 돌릴 수밖에 없다. 결국 자기 자신을 비난할 수밖에 없는 것이다. 부모가 자기를 거부한 것은 자기 때문이고, 심지어는 부모가 싸우는 것 역시 자기 때문이라고 생각하게 된다.

사실 인간은 죽을 때까지 자기중심적 존재이기 때문에 고통이나 문제를 겪으면 다른 사람이나 외부의 탓을 한다. 이러한 '투사projection'는 가장 기본적인 심리적 방어기제가 된다. 어린아이일수록 그렇다. 그러나 아동기 부정적 경험은 이를 바꿔놓는다. 재난이나 범죄와 관련된 트라우마는 외부 탓을 하게 되지만 양육자에 의해 이루어지는 복합 트라우마는 '모든 것을 일차적으로 자기 때문'이라고 여기는 '내 탓하기 turning against the self'를 발달시킨다.

이는 끊임없이 신경증적 죄책감을 강화한다. 무슨 문제만 있으면 자기 잘못이 아님에도 계속 자기 잘못이라고 받아들이게 되고, 자기의 행위가 아닌 자기 존재 자체가 잘못되었다고 느낀다. 이렇게 아동기에 겪은 부정적 경험은 수치심뿐만이 아니라 신경증적 죄책감을 갖게 한다.

게다가 실제 부모들이 자기 고통과 불행을 자녀들 탓으로 돌린다면 이는 걷잡을 수 없이 커진다. '너 때문에 내가 못 살겠다' '넌 왜 사람을 힘들게 하니!' '넌 매사 거짓말이야' '너를 낳지 말았어야 했는데' '도대체 넌 누구 닮아서 그 모양이야' 하는 말들은 고스란히 아이의 마음속으로 내면화된다.

자기 의사와 상관없이 부정적 경험을 많이 겪을수록 아이들은 '내가 못나서 그래' '내가 잘못해서 그래' '내가 문제야'라고 받아들이게 된다. 게다가 자기조절력이 잘 발달되지 않는다. 만성적인 아동기 부정적 경험은 발달단계에서 신경학적 손상을 남기기 때문이다.

이렇게 신경학적 손상을 남기는 해로운 스트레스를 '독성 스트레스 toxic stress'라고 한다. 민감한 아동기 발달 기간 동안 적절한 완충이나 보호 없이 경험한 다량의 스트레스는 일차적으로 스트레스 반응체계를 장기적으로 활성화시킨다. 이 스트레스 반응체계는 크게 자율신경계와 시상하부-뇌하수체-부신축으로 이루어져 있는데 이러한 과잉활성화로 인해 아드레날린, 코르티솔과 같은 스트레스 호르몬이 지나치게 분비된다.

이는 신경학적 손상을 초래한다. 각성조절, 감정조절, 충동조절의 창이 협소해질 뿐더러 면역력, 수명, 인지기능 전반을 떨어뜨린다. 특히, 자율신경계의 조절이 잘 이루어지지 않아 가장 원시적인 자기보호 시스템인 '부동화不動化'를 자꾸 초래하게 된다. 작은 위협만 가해져도 얼어붙어 버리는 것이다. 이러한 스트레스 반응패턴은 고정화되어 이후 비슷한 자극에도 쉽게 얼어붙어 버리게 된다.

어릴 때 언어폭력을 당했다면 나중에 어른이 되어서 누군가 큰소리만 내어도 아무 말도 못하게 되고 어쩔 줄 몰라 하게 되는 것이다. 이러한 자기조절의 어려움은 우리를 두고두고 괴롭힌다. 이는 자기가 의식적으로 선택하는 것이 아니라 자동적으로 나타나는 트라우마의 잔재임에도 자기비난과 무력감이 계속 이어질 수밖에 없다.

모욕적 언사를 들었을 때, 나에게 왜 그러냐고 한마디라도 했다면 덜 힘들지만 그냥 멍하니 당하고만 있었다면 두고두고 힘들어질 수밖에 없다. 상대방에 대해 화가 나는 것은 물론, 아무런 반응도 하지 못한 자신에게까지 더 화가 나기 때문이다.

아무것도 하지 못했다는 무력감은 두고두고 자신을 따라다닌다. 이는 우리의 가치감을 붕괴시키고 자기조절 체계를 망가뜨린다. 그 뒤로는 작은 스트레스조차 자기가 전혀 통제할 수 없다고 느끼게 되어 '나는 원래 무능한 사람'이 되어버리는 것이다. 그렇기에 아동은 안전한 환경에서 보호되어야 하고, 부정적 경험에 노출되었다면 적절히 치료받는 것이 무엇보다 중요하다.

🐚 자기와의 관계 이해하기

내게 닥친 문제들을 보면서 자꾸만 내가 뭘 잘못했는지만 찾고 있다면 어린 시절의 내가 당한 일들을 짚어보자.

4. 비합리적 기본믿음
난 아무것도 아니야

자기부정의 감정인 원초적 수치심과 죄책감은 자라면서 실수나 잘못 같은 부정적 경험 등을 통해 더욱 자기정체성으로 굳어진다. 상황에 따라 떠오르는 일시적인 감정이 아니라 자기에 대한 변하지 않는 본질적 속성으로 여겨지는 것이다.

이는 자기에 대한 기본적인 관점을 형성하고 삶 전체를 지배한다. 작가라고 한다면 그 작가의 정신을 지배하고 작품 세계 전반에 영향을 미친다. 『변신』『성』과 같은 소설로 유명한 프란츠 카프카를 보자. 그의 작품은 대체로 비현실적인 상황과 불안정한 이야기 전개로 낯설고 어렵게 느껴진다. 무엇보다 소설의 주인공은 하나같이 소외감, 불안 그리고 무력감 등에 허우적거린다.

무엇이 카프카의 작품 세계에 지대한 영향을 미쳤을까? 바로 어린 시절부터 지속된 아버지와의 갈등이다. 그는 죽기 5년 전에 아버지에게 보내려고 편지글을 썼다. 그 편지글 모음이 『아버지에게 드리는 편지』로 출간되어 있다. 그는 이 책에서 이렇게 고백한다.

> 제 글은 아버지를 상대로 해서 쓰여졌는데 글 속에서 저는 평소에 직접 아버지의 가슴에다 대고 원망할 수 없는 것만을 토로해댔지요. 그건 오랫동안에 걸쳐 의도적으로 진행된 아버지와의 결별 과정이었습니다.

카프카의 아버지는 자수성가한 상인으로 지독한 일벌레였다. 현실적이고 빈틈없는 아버지는 장남 카프카가 마음에 들지 않았고 어릴 때부터 윽박지르고 혼을 내기 일쑤였다. 어머니조차 아버지 일을 도와야 했기 때문에 그는 줄곧 남의 손에 컸다. 게다가 동생들의 잇단 죽음 속에서 외롭고 불행한 유년기를 보내야 했다. 카프카는 편지에서 자기 영혼에 박힌 트라우마의 뿌리를 들추어낸다.

> 아버지께서도 아마 기억나실 겁니다. 어느 날인가 제가 한밤중에 일어나 물을 달라고 계속 칭얼대며 징징거린 적이 있었지요. 분명 목이 말라서는 아니었고 다분히 한편으론 아버지 어머니의 화를 돋우기 위해서, 또 한편으론 그냥 이야기가 하고 싶어서 였던 것 같아요. 몇 차례 호된 위협을 퍼부었으나 소용이 없자 아버지는 저를 침대에서 들어내 파블라취(마당을 향해 나 있는 발코니 복도)로 끌고 나가 그곳에 저를 한동안 속옷 바람으로 혼자 세워두셨지요. 아버진 그동안 문을 닫아걸고 들어가 계셨구요.

그날의 기억은 카프카에게 영원히 지워지지 않았다. 그리고 그 사건으로 하여금 '나는 아무것도 아니다'라는 수치심과 깊은 무력감을 내면화하게 되었다.

아마 그 후 저는 곧 고분고분해졌겠지요. 하지만 그로 인해 저는 내면의 상처를 갖게 되었습니다. 한밤중에 물을 달라고 졸라댄다는 것이 터무니없게도 보이지만 저로서는 너무도 당연한 일이었다는 것, 그리고 그만한 일로 집 밖으로 내쫓겨야 한다는 것이 참으로 끔찍한 일이었다는 것, 저로서는 이 두 가지를 어떻게 연결시켜야 할지를 몰랐습니다. 그로부터 몇 년이 지나고 나서까지도 저는 고통스러운 관념 속에 시달려야 했습니다. '어느 날 밤 거인의 모습을 한 아버지가 느닷없이 최후의 심판관이 되어 나타나서는 나를 침대에서 들어내 파블라취로 끌고 나갈 수도 있다. 그만큼 나란 존재는 아버지한테 아무것도 아닌 존재이다'라는 관념이었지요.

당시에 이건 작은 시작에 불과했습니다. 그런데 수시로 나를 지배하던 그 '아무것도 아닌 존재'라는 감정은 다분히 아버지의 영향에서 비롯된 것입니다.

자기·사람·세상에 대한 마음의 틀, 기본믿음

엄격한 아버지 밑에서 자라난 카프카는 평생 자신을 '난 아무것도 아니다!'라고 느끼고 살았다. 이렇게 세상이나 자신에 대한 믿음의 뿌리는 유년기에 만들어진다. 스스로 만든 믿음이 아니라 아이를 둘러싼 환경에 의해 주입되다시피 한 믿음이다.

이렇게 유년기에 만들어진 자기, 사람, 그리고 세상에 대한 믿음을 '기본믿음basic belief'이라고 말한다. 이를 자기관, 인간관, 세계관이라고 이야기할 수도 있다.

이 기본믿음은 마음의 틀이 된다. 자라면서 있는 그대로 보고 받아들이는 것이 아니라 기본믿음에 부합되는 것 위주로 선택적으로 지각하고 수용하게 되는 것이다. 즉, '난 쓸모없는 사람이야'라고 한다면 자기의 부족한 면만을 보고, '사람은 믿을 수 없어'라고 한다면 다른 사람들의 신뢰할 수 없는 면만을 보고, '삶은 불공평해'라고 한다면 세상의 불공평한 부분만을 주목하게 된다.

그렇기에 그러한 기본믿음은 시간이 지날수록 점점 강화되고 바윗돌처럼 굳어지게 된다. 이는 영혼 깊숙이 침투되어 문신처럼 새겨진다. 아무리 주위에서 '넌 괜찮은 사람이야'라고 이야기해줘도 그 문신은 잘 지워지지 않는다. 아동기 트라우마는 그만큼 삶에 큰 영향을 미친다.

자기와의 관계 이해하기

보이는 것·들리는 것은 실은 진짜가 아니다.
나의 기본믿음에 따라 고무줄처럼 달라진다.

5. 완벽주의
언제까지 더 나은
내가 되어야 해

원초적 수치심, 신경증적 죄책감, 근본적 무력감은 아동기에 부정적 경험을 겪은 사람들의 핵심 감정이 된다. 일반적인 감정은 어떤 자극과 상황에서 일시적으로 떠올랐다가 사라지는 데 비해 핵심 감정은 자극과 상황에 상관없이 마음의 바탕을 이룬다. 핵심 감정은 작은 자극에도 쉽게 올라온다.

그러므로 이들은 핵심 감정에서 벗어나기 위해 애를 쓴다. 나는 처음부터 잘못되었고 모든 게 나 때문이고 내가 할 수 있는 것은 아무것도 없다는 느낌을 가지고 어떻게 살아갈 수 있겠는가! 그렇기에 어떤 경우는 이런 감정을 느끼지 않기 위해 술이나 게임 같은 중독으로 빠져들 수도 있고, 어떤 경우는 역으로 타인을 깎아내리고 자기가 우월하다는 나르시시즘으로 나타날 수도 있다.

많은 경우는 어릴 때부터 자신이 괜찮은 사람임을 타인으로부터 확인받으려는 인정강박을 지니게 된다. 이를 위해서 '나는 ~해야 한다' 혹은 '나는 ~하지 않으면 안 된다'는 높은 기준과 지나친 당위를 만들어낸다. 당위란 '당연히 그렇게 하거나 되어야 하는 것'을 말한다. 마음의 상처를 입은 이들일수록 당위적 사고가 많다.

즉, 당연한 것이 아님에도 당연히 그렇게 해야 하거나 되어야 한다는 요구가 많다. 이는 일차적으로 자신에게 향한다. 사람에 따라 다르지만 흔히 강한 사람, 똑똑한 사람, 사랑받는 사람, 착한 사람, 성실한 사람, 독립적인 사람 등 자기 실재보다 과장된 이상적인 자아상을 좇는다. 이를 위해 모든 에너지를 쏟아 붓는다. 그래야만 괜찮은 사람이 될 수 있기 때문이다.

이들은 자기가 어떤 상태인지 자기가 어떤 욕구를 가지고 어떤 감정을 느끼는지를 이해하는 데는 관심이 없다. 자기가 괜찮은 사람임을 입증하기 위해 스스로를 늘 성과와 능력을 보여주는 도구로 만들어버린다. 그리고 이를 위해 끊임없이 채찍질을 가한다.

이러한 완벽주의와 이상적 자아상은 수치심, 죄책감 그리고 무력감에 대한 '이상화'라는 심리적 자기방어의 결과이다. 그런데 자기 문제를 극복하기 위해 만들어낸 이상적 자아가 오히려 문제를 더욱 악화시키고 만다. 자기가 세워 놓은 높은 기준에 부합되지 못하는 상황과 수시로 마주할 수밖에 없기 때문이다.

이들은 자기의 작은 실수, 약점, 실패 따위가 드러났을 때 심한 수치심을 느끼고 자신을 용납할 수도 돌볼 수도 없게 된다. 이상과 현실의 불일치 앞에서 이들의 선택은 자기비난이다. 더 잘하기 위해 자신을 후려치는 것이다.

'그것밖에 못해'라고 다그치는 것은 기본이고 '넌 제대로 하는 게 하나도 없어' '넌 쓰레기야!'와 같은 비난과 욕설도 서슴지 않는다. 그렇게 하는 이유는 핑계 대지 말고 혼신의 힘을 다해서 이상적인 기준에 부합하라는 것이다.

물론 반짝 효과가 있다. 말이 짊어질 수 있는 무게를 초과해서 짐을 싣고는 말이 잘 걷지 못하면 마부는 채찍질을 가한다. 아프기 때문에 말은 당연히 어떻게든 앞으로 나아간다. 그러나 이런 일이 반복되면 어떻게 되겠는가? 자기비난의 채찍질은 일시적으로 효과를 보이는 것 같지만 결국 독이 되고 만다. 파멸로 치닫는다.

점점 더 요구받는 완벽주의

이러한 지나친 이상화와 완벽주의는 과거의 상처 때문만은 아니다. 사회적 환경과 문화도 큰 영향을 미친다. 지난 10여 년 동안 당신은 자신에게 혹은 타인에게 무언가를 더 해내야 한다고 다그치고 있지 않는가? 왜 직장인 열 명 중의 아홉 명이 번아웃에 빠지는가? 그것이 모두 과거의 상처나 개인의 문제 때문이겠는가! 꽃밭에 꽃 한두 송이가 피어나지 못하면 그것은 꽃의 문제이지만, 대부분의 꽃이 피지 못한다면 그건 꽃밭의 문제이다.

《심리학회보*Psychological Bulletin*》에 실린 영국의 사회심리학자 토마스 쿠란Thomas Curran과 앤드류 힐Andrew P. Hill의 연구에 따르면 서구의 대학생들은 점점 완벽주의 성향이 높아지고 있다고 한다. 연구자들은 캐나다, 미국, 영국의 대학생 총 4만 1,641명을 대상으로 1989년부터 2016년까지 시행된 완벽주의 연구를 분석하고 종합한 결과, 과거에 비해 최근으로 올수록 젊은이들의 완벽주의 성향이 직선적으로 증가하고 있음을 밝힌 바 있다.

이들은 완벽주의를 세 가지로 나누어 평가했다. 자기에게 완벽함을 요구하는 자기지향적 완벽주의, 다른 사람에게 완벽할 것을 요구하는 타인지향적 완벽주의, 사회로부터 완벽해질 것을 요구받는 사회적 완벽주의이다.

연구에 따르면 대학생들은 세 가지 측면에서 모두 그 척도가 증가되었다. 그리고 그중에서도 사회적 완벽주의 점수가 가장 많이 높아졌다. 많은 젊은이들은 사회나 다른 사람들이 자기에게 완벽해질 것을 요구한다고 느끼는 것이다.

우리 사회는 어떨까? 사회적 안전장치는 허술하고 과도한 경쟁 속에 스스로를 책임져야 하는 사회에서 개인에게는 점점 더 많은 책임과 능력이 요구되고 있다. 위에 있는 사람은 추격을 당할까 불안하고 아래에 있는 사람은 계속 이 상태에 머물러 있게 될까 봐 불안하다. 결국 우리가 우리에게 원하는 것은 계속 늘어날 수밖에 없다.

그렇기에 자기와의 관계가 힘든 이유가 개인의 성향이나 어린 시절의 나쁜 경험 때문만은 아니다. 불안의 시대에서 우리는 자신에게 점점 더 가혹해 지고, 더 많은 성취와 소유에도 불구하고 점점 만족과 행복을 잃어가고, 타인의 인간적인 실수나 작은 부족함조차 용납하지 못하게 된다.

우리에게 많은 것을 강요하는 사회적 완벽주의야말로 번아웃, 우울증, 섭식장애, 자살충동, 혐오확산의 숨은 원인이다. 이렇게 완벽주의 성향이 아닌 사람들조차 완벽주의 성향이 강화되고 있기에 자기불화는 점점 더 심해지고 있다.

🌀🌀 자기와의 관계 이해하기

함께 일하고 함께 사는 사람이 못마땅하고

어쩌면 그보다 더 자신을 참을 수 없다면

내가 완벽주의자인가 의심해 볼 필요가 있다.

완벽이라는 것은 좇으면 좇을수록 완벽해질 것 같지만 더 멀어질 뿐이다.

6. 자기조율의 실패
내 기대대로 되기를

고통의 본질은 기대와 현실과의 차이에서 비롯된다. 인간관계에 있어 고통이란 상대가 내 기대대로 존재하지 않을 때 생겨난다. 만약 상대가 내 기대대로 살아간다면 무엇이 문제이겠는가! 언제나 내 편이 되어주고, 내가 말을 하지 않아도 내가 원하는 것이 무엇인지를 알아주고, 귀찮을 때는 사라졌다가 내가 필요할 때면 와서 옆에 있어 준다면 문제 될 게 아무것도 없다.

아쉽게도 지금 당신이 상대하는 사람은 결코 그럴 리가 없다. 그런 로봇이라도 나오면 몰라도 나와 다른 마음을 가진 또하나의 개별적인 존재이기 때문이다.

자기와의 관계도 마찬가지이다. 내가 내 기대대로 존재한다면 나와 잘 지내는 것은 아무것도 아니다. 불안이나 분노도 없이 마음이 고요하고, 다른 사람들의 평가에 흔들리지 않고, 실수 없이 지혜롭게 행동하고, 자기가 계획한 대로 맞춰서 한결같이 행동할 수 있다면 무엇이 불만이겠는가! 그러나 그런 사람은 없다.

누구나 이상과 현실의 차이에 힘들어한다. '지금의 나'와 '바라는 나' 사이에서 끊임없이 갈등하는 것이 바로 인간이다. 이 '자기불일치self discrepancy'야말로 인간의 숙명이고 본질이다.

인간은 이 불일치 때문에 절망에 빠지기도 하지만 반대로 발전하기도 한다. 중요한 것은 이 불일치를 조율하여 자기발전으로 나아가느냐이다.

이 자기불일치에 따른 자기조율의 실패가 바로 완벽주의이다. 완벽주의는 이상과 현실의 조율이 되지 않는 만성적인 '자기부조화self disharmony' 상태를 말한다. 이들은 늘 할 수 있는 것 이상을 자기에게 요구하고, 자기 계획대로 해내야 한다고 엄포를 놓고, 자기가 어떤 사람이 되어야 한다고 다그친다. 이들의 이상은 도저히 닿을 수 없는 높이에 그대로 머물러 있다. 그 높이를 현실과 자신에 맞게 조절할 수 없다.

결국 이는 이상과 현실의 불일치를 더욱더 조장하고 자기불화의 악순환으로 빠져들게 한다. 그 끝은 무엇일까? 처음에는 자기채찍질을 통해 성취를 이루어낼 수도 있다. 하지만 학대받은 말이 쓰러지고 말듯이 이들은 자기가 휘두른 채찍질에 쓰러지고 만다.

나의 이상과 현실을 조율하기

건강한 어른은 이러한 딜레마를 해결한다. 어느 하나를 포기하는 것이 아니라 이상과 현실을 조율한다는 말이다. 서로 다른 마음과 상태가 있다는 것을 받아들일 수 있으며, 자기를 괴롭히지 않으면서도 점진적으로 성장해 나갈 수 있다. 노력을 통해 이상을 향해 다가가며, 다가가기 어렵다면 이상을 현실에 맞게 낮출 수 있기 때문이다. 이런 조율을 통해 자기불일치가 좁혀지면 또다시 좀더 높은 이상을 품으면서 자기불일치를 만들어낸다.

그런데 이러한 자기조율이 이루어지지 않는 이들이 있다. 바로 트라우마가 있거나 신경증을 앓고 있는 사람들이다. 이들은 절대적인 이상에 집착하거나 반대로 아무런 이상도 품지 못한다. 물론 둘 사이를 오갈 수도 있다. 특히, 초기에는 도달할 수 없는 이상에 집착하게 된다. 그렇게 되어야만 모든 문제가 해결될 수 있다고 믿기 때문이다. 그 이상에 닿아야만 사람들에게 온전히 사랑받고 행복할 수 있을 거라고 믿는다. 그것이 바로 상처의 증상임에도 상처의 해결이라고 믿는 것이다.

우리의 마음은 일치된 상태로 존재하지 않는다. 나를 위하는 마음도 있고 남을 위하는 마음도 있다. 감정과 생각이 다르고, 말과 행동이 다르다. 똑같은 사건에 대해서도 어제의 생각과 오늘의 생각이 다를 수 있다. 그러니 우리의 삶 또한 모순투성이일 수밖에 없다.

이는 자기돌봄에 있어서도 마찬가지이다. 누군가를 사랑하는 마음과 미워하는 마음을 함께 지닐 수 있는 것처럼, 자기를 친절하게 대하는 마음과 비난하는 마음이 공존할 수 있다. 마음먹은 대로 살아갈 수 없고 말과 행동이 늘 일치될 수는 없다. 1분만 호흡에 집중하자고 했지만 그 짧은 시간조차도 우리의 마음은 방황한다. 그러니 1년 계획을 하루도 빠지지 않고 꾸준히 지켜간다는 게 가능한 일이겠는가!

중요한 것은, 뜻대로 하는 것이 아니라 뜻대로 되지 않을 때 다시 하는 것이다. 우리에게 필요한 것은 일치도 분열도 아니다. 통합일 뿐이다. 자기돌봄이란 바로 자기의 모든 부분과 관계를 맺고 연대해 나가는 것을 말한다.

🐚🐚 **자기와의 관계 이해하기_ 건강한 자아이상을 세우기**

자아이상 ego ideal 은 자신이 되고 싶은 바람직한 모습을 말한다. 건강한 자아이상은 다음과 같은 특징이 있다.

① 융통성이 있다. '늘, 결코, 항상, 전적으로, 언제나, 완벽하게' 등의 절대적인 수식어가 포함되지 않는다.

② 타인의 욕망과 기대에 의해 강요되거나 스며든 것이 아니라 비판적 성찰을 통해 스스로 세운 것이다.

③ 자기 기질이나 본성에 부합된다.

④ 현실과의 간격이 너무 크지 않아 삶을 성장으로 이끌어간다.

7. 감정소진
가짜 미소로 나를 속이다

지난해 노트북에 이상이 생겨 서비스 센터를 방문한 적이 있다. 들어서자마자 직원이 화사하게 웃으며 나를 반겨주었다. 직원은 번호표를 대신 뽑아주며 잠깐만 앉아서 기다려달라고 했다. 금방 차례가 왔다. 창구에 도착하기도 전에 담당기사가 일어나서 환한 미소를 지으며 맞이해주었다. 거의 90도 가깝게 고개를 숙여 인사를 하고서는 무슨 문제로 왔는지 물었다.

수리는 금방 끝났다. 다행히 큰 이상은 없었다. 담당 직원은 명함을 두 손으로 공손히 건네고 언제든지 이상이 생기면 연락을 달라고 했다. 그리고 다시 일어서서 또 90도 인사를 하는 것 아닌가! 나도 얼떨결에 인사를 하고 문을 나섰다.

총 30분 정도 걸렸을까. 센터에 있는 모든 사람들은 친절했고, 전 과정이 깔끔했다. 그러나 그 깔끔함이 한편으로는 불편함으로 전해왔다. 특히, 직원들의 친절함이 부담스러웠다. 다음 날 서비스 센터에서 문자가 왔다. 어제 받은 서비스에 대한 만족도를 묻는 것이었다. 친절에는 다 이유가 있었다.

우리 사회에는 친절이 넘쳐난다. 전화기나 TV에서 '사랑합니다 고객님'이라는 말을 듣거나, 출근길에 아파트 경비원 아저씨로부터 거수경례를 받거나, AS센터나 백화점을 방문해서 배꼽인사를 받을 때마다 나는 불편하다. 내 기준으로는 지나친 친절이다.

그에 비해 정반대의 모습 또한 흔하게 본다. 같이 살아가는 이웃에 대해 최소한의 친절이나 예의도 없다. 서비스 직원에게 막말을 퍼붓고, 입주민의 말을 안 듣는다는 이유로 경비원을 폭행하고, 장애인 학교나 관련 시설은 혐오시설이라고 낙인찍은 채 그 어디에서도 받아주지 않는다.

친절 격차가 심한 나라

과연 우리 사회는 친절한 곳인가? 불친절한 곳인가? 우리 사회의 친절은 철저하게 양극화되어 있다. 어떤 곳은 불필요한 친절이 넘쳐나지만 어떤 곳에서는 최소한의 친절조차 찾아보기 힘들다. 빈부 격차뿐 아니라 친절 격차가 너무 심한 사회이다.

이 시대의 친절은 노동이자 상품이다. 그렇기에 친절이 가장 넘쳐나는 곳은 시장이다. 기업은 인간의 감정을 이윤 추구의 도구로 활용한 지 오래이다. 친절은 그 자체로 부가가치를 발휘한다. 노동자는 친절을 베풀고 고객은 그 친절을 제공받고 비용을 지출한다. 그리고 고객은 평점을 매긴다.

시장의 경쟁이 치열해질수록 친절의 경쟁도 거세진다. 친절은 더욱 치밀하게 가공되고 체계적으로 훈련되며 수치로 관리된다. 치아는 몇 개가 보이도록 웃고, 인사를 할 때 고개는 몇 도를 숙여야 하고, 시선 처리와 손의 자세는 어떠해야 하며, 대화는 어떻게 시작하고 끝을 맺어야 하는지 하나하나 매뉴얼화되어 있다.

이렇게 갈수록 치열해지는 친절 경쟁의 목표는 이미 '고객 만족'을 넘어 '고객 감동'이 되었다. 시간이 지나면 '고객 황홀'이 될지도 모른다. 이러한 과잉친절은 각종 부작용을 초래한다. 가장 흔한 예로 엉터리 존댓말이 난무한다. '주문하신 커피가 나오셨습니다' '주사 맞으실게요' '그 메뉴는 안 되세요'처럼 사물이나 행위에까지 존댓말이 붙여지고 있다.

과잉친절의 악순환

더 큰 문제는 과잉친절이 번아웃을 가속화시킨다는 점이다. 시장에서 과잉친절을 담당해야 하는 사람들은 결국 고객을 상대해야 하는 서비스 노동자와 자영업자들이다. 이들은 뛰어난 감정 연기자가 되어야 한다. 어떤 내면 상태에서도 마음을 평정시키고 고객을 감동시킬 준비가 되어야 한다. 자기가 느끼는 어떤 감정도 억압한 채, 가짜 미소를 자연스럽게 지어내야 한다. 그 끝은 무엇일까? 감정소진이다. 감정 체계 자체가 고장 나는 것이다.

그뿐 아니다. 과잉친절은 자아를 왜곡시키고 공동체를 균열시킨다. 자기 감정을 감추고 과잉친절을 베풀어야 하는 사람은 갈수록 일에 대한 회의에 시달린다. '나는 거짓 웃음을 짓고 나를 속이면서 일을 해. 미소를 팔아 돈을 받아'라는 생각에서 자유로울 수 없다. 결국 자존감이 추락한다.

반면에 과잉친절을 받는 사람은 나르시시즘에 빠진다. 나르시시즘은 자신을 특별한 사람이라고 여기는 거짓 자존감을 말한다. 과잉친절을 받을수록 '난 괜찮은 사람이야'를 넘어 '난 대단한 사람이야'라는 착각이 든다. 마치 명품을 걸치거나 고급 승용차를 타면 자기가 그 브랜드와 융합되어 자기가치감이 올라가는 듯한 착각에 빠지는 것과 비슷하다. 심한 경우 자기는 왕처럼 느껴지고 친절을 베푸는 노동자는 시종으로 보게 된다.

과잉친절의 시장에서 소비는 자아를 끊임없이 팽창시킨다. 그리고 조금이라도 자아가 쪼그라들면 다시 시장을 찾게 만든다. 물건이나 서비스가 필요해서가 아니라 자기가 대단한 사람이라는 느낌을 확인받고 싶은 것이다.

우리 사회의 경제적 양극화는 정신적 양극화로 이어진다. 누군가는 과하게 친절을 팔면서 자아의 가치감이 점점 떨어지지만, 누군가는 그 친절을 흡입하여 자아의 고양감이 커진다. 우리 사회의 나르시시즘이 갈수록 커지는 이유이다.

이는 악순환으로 이어진다. 과잉친절로 소진되어가는 이들 역시 그 스트레스를 과잉친절을 받는 것으로 보상받기를 원한다. 자기도 누군가로부터 과잉친절을 받음으로써 구겨진 마음을 회복하기를 원한다. 그렇기에 친절의 기준은 점점 높아진다.

사람들은 어디를 가더라도 친절을 요구한다. 커피 한잔을 마시더라도 상냥함과 웃음을 바란다. 이는 시장뿐 아니라 공공기관, 학교, 군대 등 전방위적으로 확산되고 있다. 심한 경우 친절을 넘어 굽실거림을 요구한다. 그리고 마음에 들지 않으면 소리를 지르고 윗사람을 불러 불만을 쏟아내거나 민원을 넣는다. 갑질은 과잉친절의 부작용이다. 고객과 민원인이 왕인 사회에서 노동자는 시종이 될 수밖에 없다.

물론 이로 인해 사회 전체적으로 권위적 태도나 불친절함이 사라지는 긍정적 효과도 분명히 있다. 그러나 무엇이든 과잉되었을 때는 억지스럽고 병이 되게 마련이다. 지금 우리 사회에 넘쳐나는 것은 진짜 친절이 아니라 가짜 친절이다. 가짜 친절의 특징은 일방적이라는 데 있다. 아래에서 위로 올라갈 뿐이다. 위로 올라간 친절은 아래로 내려오지 않는다. 받는 사람은 계속 친절을 받고, 베푸는 사람은 계속 친절을 베풀어야 한다.

그에 비해 진짜 친절은 대가 없이 베푸는 것이며 주고받는 친절을 말한다. 친절은 한쪽이 일방적으로 누려야 할 특권적 권리가 아니라 동시대를 살아가는 이웃끼리의 인간적인 예의이자 상호 배려이다. 친절을 베풀면 친절로 되돌아올 때 공동체가 성립된다.

우리가 자기를 함부로 대하는 것은 꼭 애착손상 때문만은 아니다. 자라면서 좌절, 따돌림, 차별, 멸시, 혐오, 갑질을 겪는 것도 상당한 이유이다. 즉, 우리가 어떤 환경과 문화에서 살아가느냐가 더 중요한 영향을 미친다. 친절이 순환되는 사회에서만이 우리는 자신에게 보다 친절할 수 있다.

그러나 친절이 상품이 된 사회에서는 이마저도 쉽지 않다. 친절이 공동체의 미덕이 아니라 사회적 지위를 드러내는 또하나의 기준이 되면서 사람들은 친절을 베풀기보다 친절을 받으려고만 하게 된다. 이것이 우리가 갈수록 친절의 범주 안에 자기를 포함시킬 수 없는 이유이다.

자기와의 관계 이해하기

내가 누군가로부터 친절을 대접받을 때,

그들은 누구로부터 그 친절을 받고 있나 짚어볼 필요가 있다.

내게 오는 친절이 과잉되면 될수록

누군가가 보내는 친절이 소진되고 있다.

8. 상처 난 마음

나는 원래
그런 사람이 아니다

　지금까지 우리가 어떻게 자신과 불화하게 되었는지 살펴보았다. 그 핵심 원인은 당신이 원래 문제투성이이기 때문이 아니라 치유되지 못한 상처 때문이다. 그리고 자기에 대해 부정적으로 생각하고 자기를 비난하게 되는 것은 그러한 대표적인 증상임을 이야기했다.

　문제는 그 상처 난 마음의 작동과정을 살펴보지 못하고 자동적으로 떠오르는 자기 생각과 느낌을 사실화시켜버리는 데 있다. 내가 나쁜 사람이라는 생각이 들면 실제 나는 나쁜 사람이 되고, 내가 대책 없는 사람이라고 느껴지면 실제 나는 대책 없는 사람이 되는 것이다. 그렇기에 사람들은 이렇게 말한다.

　"나는 처음부터 잘못된 사람이에요." "나는 원래 형편없는 사람이에요." "나는 늘 겁이 많아요." "나라는 사람은 제대로 하는 게 하나도 없어요."

과연 그럴까? 이들은 마치 자신이 처음부터 그렇게 태어나기라도 한 것처럼 자기 문제와 존재를 동일시한다. 그리고 자기 문제를 일반화 시킨다. 원래 그렇고 모든 게 문제이고 항상 그래 왔는데 어떻게 나아 질 수 있다는 말인가! 이는 상처 난 마음을 지닌 사람들의 전형적인 마음의 작동방식이다.

상처 난 마음의 작동방식

상처 난 마음은 건강한 마음과 작동방식이 다르다. 간단히 이야기 하면 '3P+1F'의 특징을 지닌다.

3P는 '개인화personalization' '일반화pervasiveness' '영속화perpetuation'를 말한다. 개인화는 모든 문제나 사건을 자기와 관련지어 생각하는 것을 말하고, 일반화는 부분을 전체로 확대시키는 것을 말한다.

개인화와 일반화는 아이들에게서 자주 보이는 마음의 특징이다. 아 직 인지나 감정의 발달이 제대로 이루어지지 않았기 때문이다. 그러나 상처 난 마음을 가진 채 어른이 된 이들은 오히려 아이들보다 더 이러 한 심리적 특징을 보인다. 이는 의식적인 과정이 아니라 자동적인 과 정이다. 영속화란 어떤 일이나 특성이 변함없이 지속될 거라고 보는 것 을 말한다. 문제라고 한다면 어떤 문제가 원래부터 그랬고 앞으로도 계속 이어질 것이라고 본다.

1F는 융합fusion을 말한다. 융합은 마음에서 떠오르는 생각이나 감 정을 사실화시키는 것을 말한다. 즉, 3P로 인해 어떤 일이 생기면 다 나 때문이고(개인화), 모든 게 문제이고(일반화), 앞으로도 계속 그럴 것(영속 화)이라고 생각할 뿐 아니라 1F로 인해 그런 생각과 느낌을 사실이라고

믿게(융합) 된다. 그러니 그 마음 상태에서 헤어 나올 수가 없다.

특히 수치심, 죄책감, 공포심, 무력감 같은 강렬한 감정들은 이러한 부정적 작동방식을 더욱 강하게 유발시킨다. 마음 전체를 뒤덮어버려 어떤 감정을 경험한다고 느껴지기보다 자기가 곧 감정 자체로 존재한다고 느낀다.

즉, 감정과 과잉동일시overidentification가 일어나는 것이다. 내가 잠깐 수치스럽게 느껴지는 것이 아니라 나라는 존재 자체가 수치스럽게 느껴지고, 나의 어떤 행동을 잘못했다고 느끼기보다 나라는 존재가 잘못이라고 느끼고, 내가 잠깐 공포를 느끼는 것이 아니라 내가 공포 속에 빠져 있는 느낌에 갇힌다.

그 감정이 내가 된다. 결국 자신이 원래부터 그랬던 사람처럼 인식되고 앞으로도 계속 그럴 것이라고 느끼게 된다. 일종의 정체성identity으로 굳어지는 것이다.

이렇게 강렬한 감정이나 생각은 '나는 ~ 사람'이라고 규정짓게 만든다. 심한 경우 '처음부터' '원래' '항상'이라는 수식어가 따라다니게 된다. 앞에서 말한 것처럼 '나는 원래 화가 많은 사람' '나는 늘 두려운 사람' '나는 할 수 있는 게 없는 사람' '나는 늘 운이 없는 사람' '나는 처음부터 게으른 사람' 등으로 말이다.

이러한 감정이나 생각이 자기정체성을 형성하게 되면 변화는 무척 어렵다. 정체성이란 가변적인 특성이 아니라 변화하지 않는 본질적 특성으로 여겨지기 때문이다. 원래부터 그런 사람이고 앞으로도 그럴 사람인데 어떤 변화가 가능할 수 있을까?

그만큼 변화하기 어렵다고 느껴질뿐더러 변화에 따른 저항도 크게 나타난다. 변화를 시도할 때 변화를 바라는 마음과 동시에 변화 자체가 자기정체성을 무너뜨리는 것 같은 위협으로 느껴질 수밖에 없다. 그렇기에 조금씩 변화가 나타날 때마다 그 변화를 스스로 부정하고 후퇴하고 만다.

당신의 문제와 존재를 분리하기

당신은 자신을 어떤 사람이라고 규정짓고 있는가? 예를 들어 당신은 자신을 '나는 원래 게으른 사람'이라고 규정짓고 있다고 해 보자. 그렇다면 지금까지 살아오면서 항상 그랬을까? 의욕적으로 무언가를 해 보려고 했던 때는 없었을까? 만약 게으름을 피우지 않았던 때가 있다면 그 사람은 당신이 아니라고 할 수 있을까?

가만히 살펴보면 게으름을 피울 때와 게으름을 피우지 않았을 때의 상황과 조건이 있게 마련이다. 물론, 정체성으로 굳어질수록 상황과 조건과의 관련성이 점차 모호해졌을 수는 있다. 그러나 당신이 정체성으로 생각하는 특성들은 단일한 원인이나 본질적 속성이 아니라 유전, 기질, 양육, 또래집단, 사회문화와 같은 다양한 원인들과 복잡한 조건의 배합에 의해 형성된다.

만약 자기 문제를 원래 그런 사람이기 때문이 아니라 상황이나 조건에 따른 문제로 재구성한다면 어떻게 느껴질까? 즉, '나는 원래 게으른 사람'이라는 말 대신에 '나는 어떤 특정한 상황에서 게으름을 피워'라고 말하면 어떨까?

오랜 시간 동안 당신이 마음에 들지 않았다고 해 보자. 당신은 '난 원래부터 내가 싫었어' 혹은 '내 모든 게 다 싫어'라고 생각하고 있을지 모른다. 그렇게 말하는 대신에 '난 대학교 이후로 내가 싫다고 느껴졌어'라거나 '나는 이런 내 모습(행동)이 싫어'라고 말해보면 어떨까?

이 제안의 핵심은 당신의 문제와 당신이라는 존재를 분리해 보자는 것이다. 어떤 변화가 일어날까? 원래부터 그랬다고 하지 말고 왜 그렇게 되었는지 생각해 보자.

자기와의 관계 이해하기_ 상처 난 마음의 작동방식

힘든 일을 겪으면 힘든 감정과 생각에서 벗어나지 못하고 계속 '반추 rumination'하게 된다. 이를 벗어나려면 자기친절이 필요하며 이를 위한 방법으로 자기연민과 마음챙김이 중요하다. 이는 성난 마음을 진정시키고 거리를 두고 관찰할 수 있게 함으로써 반추에서 벗어나게 돕는다.

한편으로는 상처 난 마음의 작동방식(3P+1F)을 이해할 필요가 있다. 이는 내가 어떻게 내 문제와 내 존재를 동일시하는지 점검하는 눈을 길러준다.

① 개인화: 모든 일을 자기와 관련지어 생각하는 것. 심한 경우 다 자기 때문이라고 받아들인다.

② 일반화: 부분을 전체로 확장시키는 것. 축구를 못하는 것을 '나는 운동을 못해'라고 생각하고 대학입시에 떨어진 것을 '나는 인생의 실패자야'라고 확대한다.

③ 영속화: 어떤 일이나 특성이 변함없이 지속될 것이라고 보는 것. 시험에 떨어진 것으로 인해 '앞으로도 계속 시험에 떨어질 거야'라고 믿는다.

④ 융합: 마음에서 떠오르는 생각이나 감정, 판단을 실제 사실과 한덩어리로 만드는 것을 말한다. 자기가 쓸모없다는 생각이 들면 곧 '나는 쓸모없는 사람'이라고 사실화시킨다.

힘들 때조차 나에게
친절할 수 있기를

• • • • •

여전히 세상으로의 탐색은 두려운 일이다. 아이는 그 두려움을 어떻게 조절하고 세상으로 나아가는 것일까? 바로 안정적 애착이 내면의 안전기지가 되어준다. 즉, 안정적 애착이 내면화되어 세상으로 나아가는 과정에서도 스스로 위로와 격려를 건네주고 용기를 주는 것이다. 이렇게 애착은 타인과의 건강한 관계뿐 아니라 자신과 좋은 관계를 형성하는 토대가 된다.

그렇다면 안정적 애착을 형성하지 못한 사람들은 어떻게 이 세상을 살아가야 하는가?

다행히 성인애착과 회복탄력성에 대한 연구를 보면 희망적이다. 인생 초기의 애착손상과 낮은 회복탄력성이 평생 따라다니는 것이 아니라 얼마든지 달라질 수 있음을 보여준다. 불안정 애착이었다고 하더라도 안정적 애착유형으로 바뀌어가고, 트라우마가 세대를 통해 전달되는 것이 아니라 이를 끊어낼 수 있고, 아동기는 불안정했지만 성인이 되어가면서 회복탄력성이 높아질 수도 있다. 이를 '획득된 안정성earned stability'이라고 한다.

1.　나의 부모는 나를
어떻게 대했는가

　"좋은 인간관계를 위해 가장 중요한 것은 무엇일까요?"

　인간관계에 대한 강의를 할 때면 종종 이런 질문을 한다. 사람들은 각각 생각하는 바를 이야기한다. 믿음, 존중, 공감, 수용, 정직, 이해 등 다양한 단어들이 나온다. 사람들은 다른 사람과의 좋은 인간관계를 맺기 위해 이를 지니려고 노력을 한다. 그러면 나는 이렇게 다시 질문할 때가 있다.

　"자기와 관계를 맺을 때에도 이런 노력을 하시나요?"

　사람들은 머뭇거린다. 인간관계는 참 어렵다. 그러나 더 어려운 관계는 자기와의 관계이다.

　아무리 중요한 관계도 만남이 있고 헤어짐이 있다. 싫은 사람은 만나서 괴롭고 좋아하는 사람은 헤어져서 괴롭다. 가족과의 관계도 끝은 있다. 그런데 끝이 없는 관계가 있다. 바로 자기와의 관계이다.

자기와의 관계가 좋으면 삶은 살 만하지만 이 관계가 좋지 않으면 삶은 평생 삐걱거린다. 당신이 싫어하는 사람과 평생 동안 한 공간에서 시간을 보낸다고 생각해 보라. 얼마나 끔찍한가! 그것이 바로 지옥이다.

그럼에도 많은 사람들은 자기와의 관계를 소홀하게 생각한다. 아니, 소홀함을 넘어 함부로 대하는 경우가 많다. 마치, 밖에서 다른 사람들에게는 너무 잘하지만 자기 가족에게는 함부로 대하는 사람과도 같다. 조금만 마음에 들지 않아도 비판과 질책을 가하는 것은 물론 자신을 무자비하게 비난하고 혐오한다. 이는 의식적인 반응이 아니라 자동적인 반응이다.

우리는 왜 이렇게 자신을 함부로 대하는 것일까? 이는 일차적으로 유아동기에 자기를 대하던 양육자와의 관계가 큰 영향을 준다. 인간은 동물 중에서 가장 학습능력이 뛰어난 존재이기 때문이다.

1931년 미국의 심리학자 윈드롭 켈로그Winthrop Kellogg는 대담한 실험을 시도했다. 자기 아들과 침팬지를 같이 키우기로 한 것이다. 10개월 된 아들 도널드와 생후 7개월 반이 된 침팬지 암컷 구아Gua를 함께 길렀다. 학문적 호기심 때문이었다. 유전보다 환경을 중요하게 여겼던 켈로그는 침팬지가 인간 사회의 양육환경에서 자라나면 얼마나 인간화가 될 수 있는지 궁금했던 것이다.

그런데 이 실험은 애초의 계획보다 빠르게 9개월 만에 중단되고 말았다. 왜 그랬을까? 침팬지 구아가 신발을 신고, 스푼을 사용하고, 두 발로 걷는 등 인간의 행동을 일부 따라 하기도 했지만 문제는 그의 아들 도널드였다. 도널드는 돌이 지나서 주먹을 땅에 댄 채로 걷고, 신발을 물어뜯고, 침팬지처럼 숨을 헐떡거리는 등 빠른 속도로 침팬지화 되어간 것이다.

흔히 침팬지가 흉내를 더 잘 낼 것이라고 생각하지만, 사실 흉내 내기의 챔피언은 인간이다. 인간은 타인의 행동이나 감정을 모방하는 '거울 뉴런'이 가장 발달되어 있다. 그렇기에 태어나자마자 하루도 안 되어 아기는 누가 가르쳐주지 않아도 사람들의 얼굴 표정을 모방한다.

부모의 말과 행동이 아이에게 스며든다

인간의 학습능력은 2단계로 발달한다. 거칠게 이야기하면 유아동기에는 모방적 학습이 이루어지고, 청소년기 이후로는 비판적 학습이 이루어진다. 유아동기는 비판이나 선택기능이 없는 일방적 모방에 가깝다. 양육자가 자기를 대하는 방식을 그냥 무비판적으로 흡수하여 자기와의 관계를 형성하게 된다. 이러한 일방적 모방과 흡수를 심리학에서는 '내사introjection'라고 이야기한다.

그러므로 양육자의 방임과 학대는 고스란히 아이에게 내면화되기 쉽다. 양육자의 시선, 표정, 말투 그리고 말의 내용까지 그대로 자기와의 관계에 적용된다. 그렇기에 자기가 힘들어하거나 잘못했다고 느껴지면 양육자가 그랬던 것처럼 '넌 왜 그 모양이냐!' '왜 징징거려!' '꺼져!'라고 자기를 방임하거나 학대한다. 힘들어하는 자신에게 최소한의 연민조차 품지 못한다. 그냥 함께 있다는 것 자체를 견디지 못한다.

만약 방임이나 학대 경험으로부터 완충작용을 해줄 또다른 환경이 주어지지 않는다면 내면화된 자기학대에서 벗어나는 것은 쉽지 않다. 그런 탓에 자살이, 끝없이 이어지는 자기학대의 고통스러운 관계를 궁극적으로 해결할 수 있는 유일한 방법으로 여겨질 수도 있다.

이렇듯 자기와의 관계는 일차적으로 아이와 부모의 관계에 의해 자리 잡힌다. 부모의 태도가 내면화되는 것이다. 그럼에도 많은 부모들은 자기 역할이 자녀의 잘못을 감시하고 바로잡아주는 것이라고 생각한다. 자녀들의 잘못에 초점을 두면서 양육한다. 자녀에게 야단치고 혼을 내는 것은 자녀를 사랑하는 마음 때문이고, 자녀가 잘되라고 그러는 것이며, 혼을 냈기 때문에 이 정도라도 되었다고 생각한다.

이는 고스란히 아이의 마음속으로 스며든다. '나는 혼이 나야 돼!' '내가 잘되라고 혼을 낸 거야' '혼이 났기 때문에 이 정도라도 할 수 있었어'라고 생각하게 되는 것이다. 심지어 어른이 되어서도 '부모님이 나를 때리면서 가르쳐주셨기에 삐뚤어지지 않았다'라고 이야기한다.

그렇기에 이들은 그러지 말아야 한다고 생각하면서도 스스로를 혼내는 것을 멈출 수가 없다. 자기를 혼낼수록 자기를 사랑하는 것이고, 자기가 좀더 나은 인간이 될 것이라고 믿고 있기 때문이다.

아니, 그런 믿음이 깨지더라도 계속 비판을 가한다. 자기를 혼내는 것 말고 다르게 대하는 것을 알지 못하기 때문이다. 자기를 혼내야만 잘할 수 있다고 믿는 것! 그것이야말로 가장 대표적인 트라우마의 후유증이다. 가해자의 논리를 그대로 내면화한 것이기 때문이다.

🐚 나만의 안전기지 만들기

나와 내가 맺은 관계의 양상은 부모가 나와 맺은 관계와 닮아 있다.

2.   심리적 베이스캠프,
　　　 안전기지

　　어떤 부모들은 자식에게 너무 잘해주면 의지가 약해지거나 버릇없이 자란다고 생각하고, 엄하게 키워야 한다고 이야기한다. 어떻게 보면 그럴듯한 이야기처럼 들릴 수도 있다. 그러나 심리학에서는 특히, 애착 이론에 의하면 정반대다. 사랑으로 대해야 하고 사랑을 받는 아이일수록 독립적인 존재가 된다.

　　당연히 너무 사랑으로 감싸주면 독립적이지 못하고 의존적으로 자라지 않을지 의문이 들 수 있다. 그렇다면 어떻게 애착이론가들은 애착이 독립을 촉진한다고 주장하는 것일까?

　　결론부터 말하면 애착은 세상을 탐색하고 자유를 추구하는 뒷배가 되기 때문이다. 발달 심리학자 메리 에인스워스Mary Ainsworth는 안정적 애착을 형성한 아이는 애착을 '안전기지secure base'로 활용하고 내면화한다는 것에 주목했다. 애착이론을 주창한 존 볼비John Bowlby가 모성박탈과 같은 애착대상과 장기간의 분리에 따른 영향을 조사했다면, 에인스워스는 일반 가정에서 아이와 양육자와의 짧은 분리와 재회를 연구했다.

그 결과 안정 애착과 불안정 애착을 구별할 수 있었고, 유아에게 애착은 세상을 탐색할 수 있는 안정성과 자율성의 바탕이 됨을 규명하였다. '세계를 탐험하고, 기술과 지식을 개발하고, 대인관계를 확장하여 엄마 이외의 인물에 대한 애착을 형성하도록' 하는 데 있어 안전기지의 발달적 중요성을 강조한 것이다.

안전기지는 마치 고산 등정에 나서는 등반대의 베이스캠프와도 같다. 애착이 중요한 궁극적 이유가 여기에 있다. 애착은 이 험한 세상에 아이가 믿고 의지할 대상이 내면화된다는 것을 의미한다.

의존과 독립의 균형 연습

애착이론에 의하면 인간은 두 가지 큰 심리적 욕구가 있다. 애착욕구와 탐색욕구이다. 그런데 이 욕구는 동시에 발달하는 것이 아니다. 혼자서 아무것도 할 수 없는 생애초기에는 애착욕구밖에 없다. 그리고 시간이 지나 애착욕구가 어느 정도 충족되고 안전감을 느끼게 되면 뒤이어 탐색욕구가 활성화된다. 양육자 곁을 떠나 세상을 탐색하게 되는 것이다.

6개월만 되어도 세상에 대한 관심을 갖게 되고 10개월이 넘어서면 세상을 탐험하게 된다. 앉고, 기고, 서고, 걷는 것을 배우면서 아이는 앞으로 나아가고 적극적으로 탐색한다. 세상과 사랑에 빠진다. 모든 것을 만지고, 물고, 빨면서 온몸으로 체험하고 그것들을 양육자에게 가져오기도 한다. 넘어지고 부딪혀도 탐색은 멈추지 않는다. 양육자의 관심과 응원을 받으면 자기의 탐색활동은 더욱 고무되어 의기양양하다.

물론 너무 오랜 이별은 참을 수 없어 다시 돌아온다. 이는 아주 중요한 삶의 훈련이다. 멀리 갔다가 되돌아오는 것, 혼자 있다가 다시 함께 하는 것은 마치 의존과 독립의 균형 연습과도 같다. 아이에게는 양육자와의 지지와 함께 양육자와의 거리 유지, 이 두 가지가 모두 필요하다. 그 균형을 맞추는 데에 있어 애착은 안전기지 역할을 해준다.

이 지점이 애착이 의존을 심화시키는 것이 아니라 자립으로 나아가는 발판이 되는 이유이다. 여기에서 말하는 안전기지는 그 신뢰의 대상이 계속 옆에 있어 준다는 뜻이 아니라 그 안정적 이미지가 내면화된다는 것을 말한다. 그렇기에 양육자가 자리를 비워도 아이는 잠시 동안이나마 자기 불안을 조절하고 혼자 놀 수 있거나 탐색을 시도할 수 있다.

즉, 안전기지는 기본적으로 밖이 아니라 안에 있는 것이다. 애착이론을 주창한 존 볼비 역시 마찬가지였다. 그는 '심리발달에 있어 애착이론 내 어떠한 개념도 안전기지보다 더 중요하지 않다'고 단언할 만큼 안전기지의 중요성을 강조했다. 아이에게 편안함과 안정감을 제공하는 것뿐 아니라 타인과의 안정적 관계를 맺고 세상을 탐색하는 데 대한 기반이 되어주기 때문이다.

그뿐 아니다. 안전기지는 자신과 바람직한 관계를 맺을 수 있는 원형이 되어준다. 많은 학자들이 애착을 다른 사람과의 인간관계에 국한하여 설명하지만 더 중요한 것은 자기와의 관계이다. 자기와의 관계가 잘 발달하지 않으면 상호적인 인간관계도 잘 이루어질 수 없다.

'괜찮아, 무슨 일 있으면 누가 도와줄 거야'

앞에서도 이야기한 것처럼 자기 자신과의 관계는 부모-아이와의 관계가 내면화되어 형성된다. 아이가 힘들 때 안정적으로 위로와 돌봄을 받은 경험이 있다면 이후 힘든 일이 생길 때 자신에게 위로와 돌봄을 건네줄 수 있지만, 방임과 학대를 경험했다면 힘든 일이 생길 때 스스로를 무시하거나 자학하기 쉽다.

이를 좀더 정리해 보면 안전기지는 자기와의 관계에서 크게 두 가지 기능을 담당한다.

첫째, 안전기지는 자기돌봄의 기능을 한다. 그중의 가장 대표적인 것은 '지지적인 내면의 목소리supportive inner voice'가 되어준다. 최초의 내적대화는 아이-부모의 대화가 내면화되어 이루어진다. 그렇기에 안전기지가 생긴다는 말은 지지적인 자기 목소리를 갖게 된다는 의미이다.

마치 부모가 자신에게 해주었던 것처럼 자기가 자기에게 이야기를 건네는 것이다. '응. 무슨 일이 있으면 엄마가 올 거야' '낯선 상황에서는 불안할 수 있어. 근데 신기한 것도 많아' '괜찮아. 처음부터 잘할 수 없어. 다시 하면 돼'와 같은 말로 스스로를 위로하고 격려하게 된다.

단지 목소리뿐만이 아니다. 당신이 울거나 까무러쳤을 때 당신의 부모가 여러 가지 방식으로 당신을 달래주었던 것처럼, 당신 역시 자기 자신을 진정시켜줄 수 있다. 자기를 안아주거나 토닥일 수도 있고, 산책을 가자고 할 수도 있고, 노래를 불러주거나 음악을 틀어줄 수도 있다.

둘째, 안전기지는 탐색과 자립을 활성화시킨다. 양육의 궁극적 목적은 자기 세계의 발달과 독립이다. 아무리 아이와의 관계가 좋다고 해도 자율성이 발달하지 못하고 독립으로 나아가지 못한다면 양육의 방식을 재고해야 한다. 애착은 안전기지의 형성으로 이어지고, 아이들은 이를 발판으로 세상에 대한 탐색을 통해 자기 세계를 만들어가고 결국 독립을 시도해 나간다.

안전기지가 필요한 이유는 안전지대에 머무르기 위해서가 아니라 안전지대와 위험지대를 오가며 안전지대를 확장시키는 데 있다. 그 과정에서 안전기지는 용기를 준다. 마치 어릴 때 당신이 세상에 대한 호기심과 세상에 대한 두려움 사이에서 머뭇거릴 때 "괜찮아. 엄마가 있으니까 하고 싶은 대로 해 봐"라고 격려해 주었던 엄마처럼 말이다.

그렇다면 이러한 안전기지는 안정적 애착이 내면화되어야만 가능한 것일까? 가장 이상적인 것은 그렇게 되면 좋다. 그러나 통계상 절반에 가까운 불안정 애착을 형성한 사람들은 어떻게 살아가라는 말인가! 다행히 유아동기에 형성된 '주어진 안전기지'도 있지만 청소년기 이후에 형성된 '획득된 안전기지'도 있다.

3. 의지할 중간대상이
       필요하다

당신의 어린 시절을 떠올려보자. 그 작고 연약한 아이는 어떻게 불안을 다독이며 세상으로 한 걸음 한 걸음 걸어 나왔을까? 계속 부모 품이나 집에 머물러 있고 싶어 하지 않았을까? 아무리 안정적 애착이 잘 내면화되었다고 하더라도 막상 눈에 보이지 않는다면 그 불안이 잘 진정되지 않을 수도 있다. 특히, 예민한 사람들일수록 말이다.

이러한 경우엔 또다른 의지처가 필요할 수밖에 없다. 그것은 눈으로 볼 수 있고 손으로 만질 수 있는 대상이기 쉽다. 어린아이들을 보면 항상 들고 다니고 각별하게 여기는 물건이 있다. 흔히 담요나 인형 같은 부드럽고 유연한 촉감을 주는 물건이다. 이는 아이에게 단순한 물건이 아니라 '애착대상의 대체물'이다. 이것을 잃어버리거나 빼앗기게 되면 큰일이 벌어진다. 새것을 사준다고 해결될 문제가 아니다. 자기 숨결과

체취가 묻은 그것만이 아이를 위로해 줄 수 있기 때문이다.

이러한 애착대상의 대체물을 정신분석학자 도널드 위니캇Donald Winnicott은 '중간대상transitional object'라고 불렀다. 중간대상은 양육자와의 공생관계에서 벗어나 자기로 분리되는 과정에 따른 온갖 두려움과 심적 고통을 위로해 주는 기능을 담당한다. 다시 말해 공생과 독립 사이의 완만한 교두보가 되어준다는 것을 의미한다. 어떻게 보면 안정적 애착뿐 아니라 중간대상 역시 내적 안전기지 역할을 해준다고 할 수 있다. 이러한 중간대상이 있기에 아이는 분리불안을 조절하고 안정적인 분화를 해나갈 수 있다.

위로받고 교감하는 대상

그러나 이것이 과연 어린아이들만의 특성일까? 어른들도 유난히 선호하고 각별하게 여기는 대상이 있다. 좋아하는 것을 넘어 위로를 받고 교감을 느끼는 대상을 말한다.

어른들에게 그 대상은 아이들보다 훨씬 다양하다. 인형이나 피규어일 수도 있고, 손때 묻은 책상이나 아끼는 옷과 같은 것일 수도 있고, 악기나 자동차일 수도 있다. 혹은 사물이 아닐 수도 있다. 강아지나 고양이와 같은 반려동물일 수도 있고, 오랜 시간 함께한 음악이나 미술과 같은 예술일 수도 있고, 좋아하는 작가나 연예인일 수도 있고, 자주 가는 카페나 산과 같은 공간이 될 수도 있다.

실로 인간은 만물에서 위로를 받고 애착을 형성할 수 있는 존재들이다. 그 대표적인 대상이 자연과 신앙이 아닐까 한다.

나는 약 5년 전부터 자연 속에서 걷기 상담을 하고 있다. 2014년 안

식년 여행을 통해서 자연이 얼마나 치유적 존재인지를 깨달았기 때문이다. 젊은 시절에 산은 나를 몰아세우는 훈련소였는데 중년이 되어 만난 산은 나를 품어주는 엄마 같은 존재로 다가왔다.

걷기 상담을 할 때마다 느끼는 것은 일대일 상담이지만 결코 일대일이 아니라는 사실이다. '자연'이라는 큰 품을 가진 존재가 공동치유자로 참여하고 있다는 느낌을 매번 받는다.

2021년 여름에 걷기 상담을 한 워킹맘이 떠오른다. 그녀는 네 살짜리 딸이 불의의 사고를 당해 실명이 되고 수차례 수술을 반복해야만 하는 불행을 겪었다. 그녀도 그 현장에 있었기에 반복적으로 사고 장면을 떠올리고 불행감과 죄책감에 몸서리를 치고 있었다. 병원에 가는 일 말고는 아이와 몇 개월 동안 계속 집에 갇혀 생활하고 있었다. 그녀와 처음 만나 남산 둘레길을 걸었다. 그녀는 첫 상담이 끝나고 그 느낌을 보내왔다.

"남산 둘레길에서 탁 트인 전경을 볼 때의 그 벅찬 느낌에 눈물 한 줄기가 흐르더군요. '내가 사는 세상은 이렇게 아름다운데 나는 좁은 집안에서 그렇게 아프게 보내고 있었구나. 이 아픔 속에서도 나는 계속 걸어가야 하는 존재구나!'를 깨달았습니다."

이후로 자연 속에서 여섯 번의 상담을 이어갔다. 자연의 품 안에서 그녀의 영혼을 파고들던 날카로운 고통의 결이 한결 부드러워졌다. 그녀는 차츰 아이와 함께 공원을 걷기 시작했고 나중에는 맨발걷기까지 하게 되었다. 자연 속에서 많은 위로를 받았다. 그리고 직장에 다시 복귀할 수 있었다. 자연이 그녀와 아이를 고립에서 세상으로 다시 나아가게 이끈 중간대상이 되어준 것이다.

신앙 또한 대표적인 중간대상이라고 할 수 있다. 삶이 감당할 수 없는 고통 속으로 빠져들 때 신앙은 버팀목이 되어 다시 우리를 일으켜 세우고 앞으로 나아갈 힘이 되어준다. 그 대상이 무엇이든 중간대상은 우리로 하여금 그 대상과 긴밀히 연결되어 있다고 느끼고 그 대상으로부터 위로를 받고 안정감을 느낀다.

이렇듯 불완전한 인간은 평생 동안 자신을 위로해 줄 그 무언가가 필요하다. 즉, 인간은 자신을 위로하기 위해서 자기 밖의 어떤 것이 늘 필요한 존재이다. 그리고 그 대상을 내면화시키고 나아가 자기화시킨다. 특히, 유년기에 안정적 애착이 형성되지 못한 사람이라면 더욱더 자신에게 위안을 주는 대상을 찾게 된다.

🐚 나만의 안전기지 만들기

애착인형부터 자연, 신앙에 이르기까지
사람은 자기를 일으켜세우는 중간대상에 기대며 산다.

4. 조건 없이 믿어줄
한 사람

인간의 발달은 혼자서 이룰 수 없는 영역이 있다. 그렇기에 인간의 가장 중요한 중간대상은 인간일 수밖에 없다. 우리는 앞에서 애착을 통해 부모의 역할이 중요하다는 것을 이야기했지만 인간의 발달은 부모의 힘만으로는 되지 않는다.

유년기에 형성된 애착유형은 인생의 보증수표도 아니고 고정불변한 것도 아니다. 부모와의 관계만큼이나 또래나 사회적 관계도 중요하다. 만약 어린시절의 인간관계가 성인의 인간관계를 결정짓는다면 우리의 노력은 아무 의미가 없을 것이다. 심리학의 연구결과는 과거와 현재의 연관성은 보이지만 고정된 것이 아님을 보여준다.

애착유형 역시 그렇다. 연구마다 다르지만 대체로 아동기 애착유형과 성인기 애착유형은 50~77퍼센트 수준까지 일치하는 상대적 안정성을 보인다. 즉, 어릴 때 안정적 애착이 이루어지면 2분의 1에서 3분의 2까지는 성인이 되어서도 안정적 애착유형이 지속된다는 것이다.

그러나 우리는 23~50퍼센트가 바뀌었다는 사실에 주목할 필요가 있다. 즉, 성인기에 안정적인 대인관계를 유지하는 이들이 모두 어릴 때부터 안정적인 관계를 유지해 온 것은 아니다. 여기에 두 유형이 존재한다. 어린 시절부터 성인이 되어서까지 줄곧 '지속적 안정 애착continuous security'을 보인 이들과 어린 시절에는 불안정 애착이었지만 청소년기와 성인기를 거치면서 '획득된 안정 애착earned security'으로 달라진 이들이 있다. 물론 그 반대도 가능하다.

그렇다면 성인의 안정 애착 유형 중에서 획득된 안정 애착의 비율은 얼마나 될까? 이 역시 연구결과마다 달라서 2~28퍼센트에 달할 만큼 그 폭이 넓다. 그들은 어떻게 해서 애착유형이 바뀐 것일까?

서강대학교 학생생활상담연구소에서 발행한 《인간이해》를 보면 「애착 유형의 비연속성에 관한 연구」라는 논문을 담고 있다. 이 논문에 의하면 불안정 애착에서 획득된 안정 애착이 된 이들은 그 이유로 긍정적인 관계경험과 자기성찰 등을 꼽았다. 그동안의 경험을 비추어볼 때 나의 생각 또한 다르지 않다. 애착유형과 내적작동모델은 바뀔 수 있다. 당신이 배우자, 친구, 자녀, 스승, 상담가, 지지그룹, 초월적 존재 등 인생에서 '의미 있는 누구significant other'를 만나 교정적인 관계를 경험하고, 자기성찰과 자기친절의 훈련을 통해 '내면의 벗inner friend'이 되어준다면 우리는 자신의 애착유형을 바꿔갈 수 있다. 상처의 대물림을 끊어낼 수 있다.

인생의 따뜻함을 가르쳐 준 사람

하와이군도 서북쪽 카우아이섬에서 펼쳐진 역사적인 심리학 연구 또한 이를 입증하고 있다. 심리학자 에미 워너Emmy Werner는 1955년부터 30년 넘게 종단연구를 하면서 놀라운 사실을 발견했다. 원래 이 연구는 가정이나 사회경제적 환경이 인간의 발달에 어떤 영향을 미치는가를 출생에서부터 조사하고자 했던 야심찬 시도였다.

이 연구의 자료 분석을 담당했던 에미 워너는 관찰 대상자 833명 중에서도 가장 열악한 환경에서 자란 201명을 고위험군으로 분류했다. 이들은 한마디로 애착손상이 심각했다. 극빈층에서 태어났고, 태어날 때 크고 작은 질병을 겪었고, 부모의 불화는 심했으며, 한쪽 혹은 양쪽 부모가 알코올중독과 같은 정신적 문제를 둔 아이들이었다. 그들이 자라면서 문제아가 되거나 정신질환에 시달릴 거라고 충분히 예상할 수 있었다.

예상대로 다수는 그렇게 성장하였다. 그런데 에미 워너의 관심을 끈 것은 72명이었다. 고위험군의 3분의 1에 해당하는 이들은 별다른 문제없이 건강한 성인으로 자라난 것이다. 심지어 좋은 환경에서 자라난 아이보다 더 모범적으로 성장한 경우도 있었다.

에미 워너는 이들에 집중했다. 도대체 이들은 무엇이 다르기에 비슷한 환경에서도 이렇게 성장할 수 있었는지에 주목하게 되었다. 이들에게 있는 공통점은 바로 조부모, 친척, 성직자, 교사, 친구 등 주변 인물 가운데 누군가 이들을 사랑해 주고 지지해 주었다는 점이다. 불안정 애착유형이었지만 누군가와의 만남을 통해 애착유형이 변화된 것이다.

이를 감동적으로 잘 풀어낸 소설이 『나의 라임 오렌지나무』이다. 이 소설의 주인공 제제는 매일 가족들에게 욕설을 듣고 매질을 당하는 다섯 살 아이다. 모진 채찍질에 일주일을 끙끙 앓아누울 만큼 가혹한 가정폭력을 당한다. 그를 위로해 줄 가족은 아무도 없다.

그런 제제에게 오렌지 나무 밍기뉴와 뽀르뚜까 아저씨는 그의 슬픔과 고통을 위로해 주고 세상으로 나아갈 힘을 준 존재들이었다. 그렇기에 제제 역시 어른이 되어 누군가에게 다시 뽀르뚜까가 되어줄 수 있었다. 이 소설의 마지막은 마흔여덟 살의 제제가 뽀르뚜까 아저씨에 편지를 쓰며 끝을 맺는다.

'당신은 저에게 인생의 따뜻함을 가르쳐 주신 분입니다.'

삶에서 선택할 수 있는 일

당신도 혹시 떠오르는 사람이 있지 않은가? 가족이 아니지만 당신의 인생을 위해 진심으로 기도해 준 사람이 있었는가? 대가를 바라지 않는 친절을 받은 적은 없었는가? 당신의 마음을 바꾸려고 하지 않고 그냥 당신의 마음을 잘 들어주는 사람이 없었는가? 당신이 고통 속에 혼자 있을 때 아무 말 없이 그냥 꼭 안아준 사람은 없었는가?

우리는 자라면서 부모에게 받지 못한 친밀함과 따뜻함을 다른 사람에게 받을 수도 있다. 그러나 이런 이야기를 들으면 더 우울해지는 이들이 있다. 부모복도 없는데 자라면서 인복도 없다고 느끼는 이들이다. 사실은 나도 그렇게 생각한 적이 있다. 나 역시 어릴 때부터 사람에 대한 그리움이 컸다. 그냥 나만을 위해주고 나를 잘 이끌어주는 사람이 나타나길 바랐다.

그러나 없었다. 그래서 참 인복이 없다는 불만을 가지고 살았다. 그러다가 30대 후반이 되어 나 자신이 정말 아이 같다고 느껴졌다. 나만을 위해주는 사람이 갑자기 나타나주기를 바라는 것! 이 얼마나 아이 같은 마음인가? 돌아보면 인복이 없다는 원망만 하고 살았지 내가 좋아하고 닮고 싶은 사람을 적극적으로 찾아본 적이 없었다. 그러한 자각이 들면서 내가 좋아할 만한 사람을 찾기 시작했고, 먼저 다가갔고, 만났다.

우리는 최초의 관계에 대해 아무런 선택을 할 수 없다. 어떤 부모에게서 태어나고 어떤 환경에서 자라나게 될지 선택할 수 없다. 그냥 세상에 던져질 뿐이다. 아동기 부정적 경험이 많은 사람들은 너무 억울한 일이다. 그 분노와 원망이 평생을 지배할 수도 있다.

그러나 어느 순간 깨달음이 찾아온다. 삶은 선택할 수 없는 것도 많지만 선택할 수 있는 것도 많다는 것을! 인간관계도 마찬가지이다. 최초의 관계는 선택할 수 없지만 자라면서 우리는 누구를 만날지 선택할 수 있다.

당신도 혹시 인복이 없다는 원망 속에 빠져 있는가? 그렇다면 누군가 당신을 선택해 주기만을 기다리고 있는 것은 아닌지 살펴보자. 당신의 삶에 선택의 범위가 커질수록 당신의 삶은 달라지게 마련이다.

🦢 나만의 안전기지 만들기

나를 위해 줄 누군가가 먼저 찾아오기만을
마냥 기다리고 있는 것은 아닌가!
이제 당신이 먼저 나서야 할 때가 아닐까?

5. 만들어진 채로 살 것인가
만들어가며 살 것인가

　당신은 자기 얼굴과 신체 조건이 마음에 드는가? 자기 성격이나 재능은 어떤가?

　흔히 인생은 선택의 연속이라고 한다. 하지만 정작 인생의 많은 부분은 우리가 선택할 수 없는 것으로 채워져 있다. 인종, 국적, 성별, 부모형제, 집안환경, 재능, 성격, 외모, 건강 등. 그 어느 것도 우리는 선택할 수 없다.

　또한 누구는 태어나 보니 멘사 IQ이고, 누구는 태어나 보니 경계선 지능이다. 누구는 태어나 보니 부모의 사랑이 쏟아지고, 누구는 태어나 보니 한부모 가정이다. 이렇듯 삶은 그 시작부터 불공평하다.

　문제는 자기 삶의 조건에 불만이 클수록 다른 사람의 조건이 좋아 보인다는 사실이다. 너무 억울하고 괴롭다. 차라리 내가 선택한 것이라면 군소리 없이 받아들일 텐데 말이다.

이러한 불만은 흔히 부모에 대한 원망으로 이어진다. 삶이 안 풀릴수록 '왜 나를 이렇게 태어나게 했느냐!'라며 따지고 싶어진다. 그러나 부모라고 할 말이 없겠는가! 자녀가 마음에 들어 하지 않는 부모가 지닌 삶의 조건들 대부분은 사실 부모의 부모로부터 물려받았을 따름이다. 부모 또한 타고난 삶의 조건을 더 좋게 만들어보려고 애썼지만 그렇게 된 것도 있고 안 된 것도 있을 따름이다. 결국 부모에 대한 원망은 돌고 돌아 고스란히 자신에 대한 원망으로 이어지고 만다.

그런데 이러한 삶의 불공평함 속에도 공평함이 들어 있다. 누구도 자기 삶의 조건을 선택하고 나온 사람은 없다는 사실이다. 자기가 선택하지 않은 것들과 살아가야 하는 삶의 기본조건은 누구 한 명 다르지 않다. 그것이 바로 삶이다.

정말 중요한 것은 이 불공평한 공평함 앞에 인생에서 가장 중요한 선택이 놓여 있다는 사실이다. 삶에 주어진 것들을 거부하고 불평 속에 살아가느냐, 아니면 주어진 것을 받아들이고 살아가느냐 그중 하나를 고르는 선택이 우리 앞에 있다.

내가 아닌 나로 보이려고 애쓰고 있다면

정신과의사로서 상담실에서 만난 많은 이들은 자기 삶을 받아들이지 못한 사람들이었다. 이들은 자기 삶의 조건들을 원망하고 다른 이들을 부러워한다. 나 또한 그랬다. 내가 가진 것들이 온통 마음에 들지 않았다. 자기를 부정하고 늘 내가 아닌 나로 보이려고 까치발을 딛고 살았다.

내가 달라진 건 첫아이가 태어나고 난 뒤였다. 아이러니한 일이 아닐 수 없다. 나는 나를 닮은 아이가 태어날까 봐 아이를 갖고 싶지 않았던 사람이다. 처음에는 아이가 태어났지만 아무 감흥이 없었다. 그러나 돌 무렵이 되면서부터 아이가 참 사랑스럽게 느껴졌다. 아이는 스스로 할 수 있는 게 거의 없었지만 그냥 있어 준다는 것 자체로 고맙고 사랑스러웠다.

그게 신기했다. 지금까지 조건적 사랑에 길들여져 있던 나에게 그냥 사랑스럽다는 것은 새로운 경험이었다. 아이에 대한 비조건적 사랑은 나에게로 돌아왔다. 있는 그대로의 나를 받아들일 수 있게 되었다. 아이의 모습 그대로 사랑스러운 것처럼 있는 그대로의 나를 포용할 수 있었다.

흔히 청춘이 인생의 절정이고 이후 나이 들수록 인생은 쇠락해간다는 고정관념을 가지고 있다. 마치 인생의 행복이 ∩자 모양으로 이루어져 있고 그 정점이 일찍 찾아온다고 생각한다. 하지만 여러 행복에 대한 연구결과를 보면 반대로 40대 후반과 50대 초반에 최저점에 도달했다가 쉰 살 이후부터 점점 행복해지는 U자 모양의 곡선이 나타난다.

어떻게 쉰 살이 넘을수록 행복해질 수 있을까? 가장 큰 이유는 자기수용이 이루어지기 때문이다. 젊을수록 우리는 다양한 자신의 모습을 인정하지 않고 '나는 이런 사람이어야 한다'는 특정한 자아상에 집착한다. 하지만 나이가 들수록 자신을 받아들인다. 그것은 자신이 마음에 들어서가 아니다. 마음에 드는 나도 마음에 안 드는 나도 모두 자신임을 인정하는 것을 의미한다.

이렇게 자기를 받아들이게 되면 내적평화와 함께 삶의 변화가 시작된다. 자기 안에 있었지만 발휘되지 못했던 가능성들과 만나고 자기 인생을 살아가고 싶은 욕망이 솟아난다.

조선 후기 실학자 이덕무는 『청장관전서』에서 '말똥구리는 자기의 말똥을 아낄 뿐, 용의 여의주를 부러워하지 않는다'라는 글을 쓴 바 있다.

인간을 제외한 모든 생명은 삶의 조건을 탓하지 않는다. 그 삶의 시작과 조건이 어떠한들 있는 힘껏 살아간다. 바위틈이든 절벽이든 강가든 어디에 씨앗이 뿌려지든 생명은 온 힘을 다해 뿌리를 내리고 줄기를 뻗어 올린다. 그리고 꽃을 피우고 열매를 맺고 씨앗을 퍼뜨린다.

탄생은 수동이지만 성장은 능동인 것! 그것이 생명의 본질이다. 결국 삶의 성장과 행복은 얼마나 더 좋은 조건을 타고났느냐가 아니라 자신에게 주어진 것들을 얼마나 기꺼이 받아들이느냐에 달려있다.

당신은 삶의 가장 중요한 선택에서 어떤 것을 골랐는가?

🌀 **나만의 안전기지 만들기**

이 지구에 사는 모든 생명은 삶의 조건을 탓하지 않는다.

그 삶의 시작과 조건이 어떠한들 있는 힘껏 살아간다.

나도 이 지구에 사는 생명이다.

생명의 본성으로 살아갈 일이다.

6. 자기가 잘되기를 바라는 마음이 있는가

"당신은 자기가 잘되기를 바라는 마음이 있습니까?"

인간관계에 대한 강연을 할 때 종종 하는 질문이다. 당신은 이 질문에 어떤 대답이 떠오르는가? 어떻게 보면 너무 당연한 질문이다. 당연히 그렇다고 답해야 하는 것 아닐까? 그런데 선뜻 그렇다고 대답하지 못하는 이들도 많다. 만약 질문을 바꿔 이렇게 묻는다면 어떨까?

"당신이 사랑하는 사람이 잘되기를 바라는 마음이 있습니까?"

아마 이 질문에는 모든 이들이 그렇다고 대답할 것이다. 사랑은 상대가 건강하고 행복하게 잘 살아가기를 바라는 마음이 아니겠는가! 그런데 왜 우리는 자기가 잘되기를 바라는 마음이 있다고 선뜻 답하지 못할까? 그것은 그 마음이 없다기보다 자기를 위하는 것과 남을 위하는 것을 통합하지 못하기 때문이다.

우리는 이기심과 이타심을 반대되는 마음으로 생각한다. 그렇기에 남을 위하는 것은 좋은 것이고 자기를 위하는 것은 나쁜 것으로 간주한다. 자기를 위한다는 것은 마치 남을 위하지 않는 것으로 받아들인다. 그렇기에 다른 사람에게는 친절하지만 자기에게는 불친절하고, 사랑하는 사람은 잘 돌보지만 정작 자신은 잘 돌보지 못한다.

그러나 자기를 위하지 않으면 자기 감정이나 욕구에도 소홀히 대하고, 자기 삶을 주체적으로 살아갈 수 없다. 다른 사람과의 관계에 있어서도 상대의 감정이나 욕구를 더 중요시하게 되어 희생적이고 일방적 관계로 흘러가기 쉽다.

과연 자기를 위하지 않고 상대만을 위하는 것을 이타심이라고 이야기해야 할까? 그것은 자기희생이다. 진정한 이타심은 상대를 위하는 일이 곧 자신을 위하는 것이라고 느낄 때 발휘된다.

물론 늘 그럴 수는 없다. 때로는 양보를 해야 하고 희생도 해야 한다. 그러나 자기희생이 사랑의 한 요소일 수는 있지만 본질은 아니다. 자기희생을 바탕에 둔 사랑은 오래갈 수 없다. 자기도 모르게 피해의식과 보상욕구가 커져갈 따름이다. 상대가 자기 기대대로 행동해 주기를 바라는 마음도 커져간다.

그렇게 본다면 이기심과 이타심은 반대가 아닐 수 있다. 우리는 이기적이면서 동시에 이타적일 수 있다. 이기심과 이타심이 반대라고 생각할수록 우리는 나를 위하는 것과 상대를 위하는 것을 놓고 자꾸 선택하려고 한다.

높은 차원의 이기심이 자기친절

진정한 이타심은 높은 차원의 이기심이다. 굳이 구분하자면 낮은 차원의 이기심은 '자기만' 위하는 것이라면 높은 차원의 이기심은 '자기도' 위하는 것이다. 한 글자 차이지만 그것은 삶에서 큰 차이로 드러난다. 우리가 경계해야 할 것은 낮은 차원의 이기심이고, 발달시켜야 할 것은 높은 차원의 이기심이다. 높은 차원의 이기심이 바로 자기친절 혹은 자기사랑이다.

철학자 루소는 자신에 대한 사랑을 두 가지로 구분한 바 있다. '자기편애amour propre'와 '자기사랑amour de soi-meme'이다. 자기편애는 자기만을 생각하고 위하는 이기적 마음을 말한다. 그에 비해 자기사랑은 이성을 통해 인도되고 연민심을 갖춘 덕성을 말한다. 그 연민과 사랑은 자신을 포함할 뿐 아니라 자신과 연결된 이들에게 확장된다.

애착은 바로 자기편애 즉, 낮은 차원의 이기심을 말한다. 자기 생존을 위해서 애착대상에게 일방적으로 매달리는 본능적 이기심이다. 아이는 부모가 밥을 먹었는지, 잠을 잘 잤는지, 기분이 어떤지 등은 전혀 관심 없다. 오직 자신만 바라봐주고 늘 옆에 있어 주고 해달라는 대로 다 해주기를 바랄 뿐이다.

자기밖에 모르는 이러한 애착본능에서 자기도 위하고 남도 위할 줄 아는 자기사랑으로 나아가는 것이야말로 사회성 발달의 핵심이다. 즉, 사랑을 주고받고, 나를 위하면서도 상대를 위할 수 있을 때야 비로소 자기편애를 넘어 자기사랑이라고 할 수 있다.

그런데 자기애착에서 자기사랑으로의 발달이 잘 이루어지지 않으면 두 가지 형태의 비틀림이 일어난다. 성인이 되어서도 자기편애로만 살아가거나 혹은 정반대로 자기는 위하지 않고 타인만 위하는 자기희생으로만 살아가게 된다. 이때 자기희생은 상대가 잘되기를 바라는 것으로 보이지만 사실은 근본적으로 훼손된 자기가치감을 채우고 사랑을 받고자 하는 자기편애와 맞닿아 있다.

우리는 뒤늦게나마 애착을 사랑으로 발달시킬 수 있다. 부실한 안전기지를 보다 튼튼한 안전기지로 쌓아갈 수 있다. 그것은 우리에게 여전히 '자기가 잘되기를 바라는 마음'이 있기 때문이다. 그 마음이 미숙하더라도 그 마음에 기초해야 한다. 너무 오랜 시간 동안 남을 위해 살아온 사람이라면 우선 낮은 차원의 이기심에서 시작해도 된다.

그리고 내가 잘되기를 바라는 마음이 깊어지면 '나'는 '우리'로 확장이 일어난다. 우리는 연결된 존재이기 때문이다. 마치 자기 자신을 잘 이해하게 되면 다른 사람도 잘 이해가 되는 것과 같은 이치이다.

꩜ 나만의 안전기지 만들기

내가 잘되기를 바라는 마음이 어색하다면
내가 사랑하는 사람을 떠올려보자.
내가 사랑하는 사람이 나 자신이 된다고 해서 달라지는 건 없다.

7. 내 안의 것들을 존중하기

직장인 정현 씨는 자기를 늘 게으르다고 자책한다. 정현 씨의 자책에는 크게 두 가지 이유가 있다. 두 가지 모두 부모에게 많이 혼난 부분이다.

첫째는 잠이 많다는 점이다. 그녀는 평소 아홉 시간 정도는 자야 잘 잤다는 느낌이 든다. 어릴 때는 더 오랫동안 자야 했다. 그걸로 혼난 적이 많다. 부모는 그녀가 일찍 일어나는 것을 힘들어 한다고 여기기보다 마음을 먹으면 일찍 일어날 수 있는데 그런 마음을 먹지 않는다고 보았다.

부모의 그러한 시선은 그대로 정현 씨에게 내면화되었다. 어느 순간부터 자기를 '잠이 많은 나'가 아니라 '열심히 살지 않는 나'라고 생각하게 된 것이다.

물론 그런 자기를 바꾸려고 많은 노력을 해 보았다. 마흔이 넘은 나이에도 얼마 전까지 새벽기상 모임에 가입해서 활동했다. 그러나 꾸준히 하지 못했다. 그럴 때마다 더 자책하고 자신을 비난해 왔다.

두 번째는 꾸준하지 못하다는 점이다. 그녀는 체력이 강하지 않고 감정적인 기복이 있다. 특히, 생리 전에 많이 힘들고 무척 예민해진다. 그때는 에너지 상태도 불규칙하고 매일 똑같이 무언가를 하는 게 쉽지 않다. 그렇지만 학창 시절부터 스스로에게 늘 꾸준히 해야 한다고 다그친다.

예를 들어, 영어공부나 운동이라고 하면 매일 한 시간씩 해야 할 것을 요구한다. 그리고 꾸준히 하지 않으면 의지가 부족하다면서 늘 자기를 책망한다. 결국 한동안 손을 놓아버리다가 또 위기감이 느껴지면 계획을 세우고 꾸준히 해야 한다고 다그친다. 이런 과정을 통해 자기를 점점 더 싫어하게 되었다.

관계를 맺는 두 가지 방식

종교철학자 마틴 부버Martin Buber는 인간은 근본적으로 '관계적 존재'라고 보았으며 삶은 곧 '만남'이라고 이야기했다. 그는 우리가 관계를 맺을 때 두 가지 방식이 있다고 보았다.

- 1방식: 나-너I-Thou
- 2방식: 나-그것I-It

*** Thou는 You의 옛말로 2인칭 단수를 뜻한다.

'나-너' 방식은 상호존중의 관계이다. 여기에서 '너'는 '나와 독립된

개별적인 인격체'를 말한다. 그리고 '나-너'의 만남은 상대를 자기 경험과 기대에 의해서 재단하지 않고 상대를 개별적 존재로 존중하는 것을 말한다.

이에 비해 '나-그것' 방식은 일방적 관계를 말한다. '그것'은 한 인격체로서의 고유성을 잃고 '나의 경험과 기대가 투여된 이미지로서의 대상'을 말한다. 즉, '나-그것'의 관계에서 상대는 나의 기대와 욕구를 충족시켜주는 수단으로 전락한다. 이 관계에서 존재와 존재 간의 만남은 이루어지지 않고 상대는 목적이 아닌 수단의 '그것'으로 규정된다. 결국 '나-그것'의 관계방식은 판단하고, 논쟁하고, 통제하는 관계가 되고 만다.

물론 우리는 늘 '나-너'의 관계로만 만날 수 없다. 우리는 자기중심적 존재이기에 처음에는 '너'로 만났더라도 결국 '너'는 '그것'으로 바뀌기 쉽다. 중요한 것은 그것을 알아차리고 '나-그것'의 방식을 '나-너'의 방식으로 돌리는 것이다.

'나-그것'의 방식으로 인간관계를 맺는 대표적인 유형이 바로 나르시시스트들이다. 이들은 타인을 자기우월감을 채우기 위한 수단으로 도구화한다. 자기에게 끊임없는 찬사를 보내거나 자기에게 완전히 굴복해야 하는 대상으로 생각한다. 특히, 자기애가 상처를 받게 되면 가까운 사람들을 비난하고 깔아뭉갬으로써 자기우월감을 확인받고자 하는 습성을 지니고 있다.

나르시시스트처럼 극단적으로 타인을 도구화하는 이들도 있지만 자기를 극단적으로 도구화하는 이들도 있다. 바로 완벽주의자들이다. 이들은 자기가치감을 충족하기 위한 도구가 타인이 아니라 자기라는 점이 다를 뿐이다.

완벽주의자들은 자기 고유성에 대해 관심이 없다. 자기를 그냥 자기 가치감을 채우기 위한 수단으로만 대한다. 이들에게 자기 자신은, 끊임없는 노력으로 자기가 괜찮은 사람이라는 것을 입증해 보이거나, 그렇지 못하면 자신을 비난하고 깔아뭉개버리는 도구에 불과하다. 자기가 어떤 상태인지, 어떤 취향과 욕구를 가지고 있고, 어떤 감정을 느끼는 존재인지와 같은 자기 내면에 대해서는 별로 관심이 없다.

이러한 완벽주의자는 앞에서 이야기한 것처럼 수치심, 죄책감, 무력감과 같은 미해결된 아동기 감정을 지니고 있는 이들이 대부분이다. 이들은 '나는 처음부터 잘못되었다'는 느낌에서 벗어나기 위해 이상적 자아상에 몰두되어 있는 것이다.

자기에게 좋은 친구 되어주기

건강한 사람들의 이상적 자아는 도달 가능하고 자기와 연결되어 있는데 비해, 완벽주의자들의 이상적 자아는 도달가능하지 않을 뿐더러 자기와 전혀 맞지 않다.

정현 씨처럼 잠이 많은데도 잠을 줄여야 한다고 다그치고, 매일 똑같이 무언가를 할 수 없는데도 그렇게 해야 한다고 몰아세울 뿐이다. 이들의 자기관계는 명령과 처벌만이 있는 주종의 관계이다. 부버의 표현을 차용하면 '나-자기ego-self'의 방식과 '나-그것ego-it'의 방식 중에서 후자에 해당된다.

정현 씨는 자기돌봄 클럽활동을 통해 자기연민과 자기관찰의 마음을 길러나갔다. 그 과정에서 자기를 있는 그대로 받아들이게 되었다. 먼저, 잠에 대해서는 '나는 다른 사람보다 회복할 시간이 더 필요한 사람이야'라고 인정해 주게 되었다.

꾸준함에 대해서는 '나는 매일 똑같은 꾸준함을 보이지는 못해. 그러나 그때그때 상태에 따라 유연하게 계속 할 수 있어'라고 그 기준을 변경하게 되었다.

이후로 그녀의 자책과 비난은 크게 줄었다. 잠도 더 잘 자게 되고, 오히려 하려고 했던 활동들을 더 꾸준히 할 수 있게 되었다. 뿐만 아니라 자기 취향, 감정, 욕구 등을 중요하게 여기게 되었다. 자기 안의 있는 것들을 존중하고 그들과 평화로운 관계로 나아가고 있다.

친구란 무엇일까? 잘 보여야 한다는 부담 없이 솔직한 모습을 보여줄 수 있는 사이가 아닐까? 자기에게 친구가 되어준다는 것도 비슷하다. 자기 마음에 들도록 바꾸라고 하는 것이 아니라 그 모습대로도 괜찮다고 존중해 주는 것이다.

자기친절이란 요구하기를 그만두고 돌보기를 시작하는 것이다. 굳이 자기에게 좋은 친구가 되어주어야 한다고 다그치지 않아도 된다. 자기에게 관심을 기울이는 것에서부터 시작하는 것이다. 따뜻한 관심이 주어지면 어느덧 당신은 자기에게 좋은 벗이 되어줄 수 있다.

🐚 나만의 안전기지 만들기

지금, 고유한 나의 모습이 되기까지

나의 취향, 감정, 욕구 그리고 자극, 실패, 인내, 극복 어느 하나라도 빠져버렸다면!

이 모든 것이 나의 고유함의 재료가 되었으니 얼마나 다행인가!

8.   스스로 내면의 벗
되어주기

내적 안전기지가 형성되지 않은 채 세상을 살아가는 이들은 마음이 허하고 자꾸 흔들린다. 밖으로도 안으로도 기댈 곳이 없기 때문이다. 세상을 살아가는 게 버겁고 두렵고 외롭다. 다른 사람도 잘 믿지 못하지만 자신은 더 믿을 수 없다.

어떤 이들은 이를 '마음에 큰 구멍이 난 것 같다'고 호소한다. 무언가 중요한 게 빠져 있거나 무언가로 채워 넣어도 마치 '밑 빠진 독'처럼 채워지지 않는 느낌을 말한다.

그것이 애착손상이다. 고통 속에 혼자 방치되었거나, 돌봄을 받아야 할 시기에 돌봄을 받지 못했거나 오히려 때 이르게 누군가를 돌봐야 했던 이들이다. 이들은 그 공허감 때문에 무언가를 끊임없이 배우거나, 다른 사람을 잘 챙기거나, 많은 성취를 이루려고 애를 쓴다.

그 공허감은 쉽게 가시지 않는다. 잠시 잊을 따름이다. 자기 노력으로 공허감이 해소되지 않으면 다른 사람을 찾게 된다. 어딘가에 그 구멍을 완전히 채워줄 누군가가 있을 것이라고 기대한다. 자기구원으로서의 사랑에 빠지는 것이다. 그러나 그것은 상호적인 사랑이 아니라 애착욕구이다.

물론 사랑에 빠지면 구원받은 느낌을 받을 때가 있다. 그러나 오래가지 못한다. 결국 깊은 절망에 빠지곤 한다. 자기 노력으로도, 다른 존재를 통해서도 구원의 길에 가 닿을 수 없음을 절감한다.

깊은 절망의 바닥을 딛고

자기가 할 수 있는 게 없다고 느낄 때 우리는 무기력해진다. 예를 들면, 엄마가 자식을 원하는 방향으로 이끌려고 하지만 아무리 해도 그럴 수 없음을 깨닫는 순간이 있다. 누군가 중독에서 벗어나려고 애를 써 보지만 번번이 실패하고 절망할 때도 그런 무력감이 덮친다.

그런데 그 순간 놀랍게도 엄청난 반전이 일어나는 경우가 있다. '내 자식이지만 내 뜻대로 할 수 없구나!' '아! 내가 술을 조절할 수 없구나'라고 인정하게 되면서 말이다. 수용전념치료의 개발자인 스티븐 헤이즈Steven C. Hayes는 이를 '창조적 무망감creative hoplessness'이라고 이름 붙였다.

왜 창조적이라는 말을 붙였을까? 바닥으로 떨어져 깊은 절망에 빠지지만 그 바닥에서 새로운 희망을 품고 다시 삶으로 떠오를 수 있기 때문이다. 절망을 통해 진짜 변화가 시작된 것이다. 통제 일변도에서 벗어나 자녀와 대화다운 대화가 이루어지고, 중독임을 인정하고 더 큰 힘을 받아들일 수 있게 되는 것이다. 나는 이렇게 바닥에 떨어져서 바닥을 딛고 일어서는 경험을 '바닥체험'이라고 명명한다.

자기와의 관계도 마찬가지이다. 자기를 비난하고 혐오하는 이들은 그렇게 하지 않으려고 무던히 애를 쓴다. 자기가 사랑할 수 있는 자기가 되기 위해 각고의 노력을 기울일 수도 있고, 혹은 비난이나 혐오 자체를 끊어내려고 애를 쓸 수도 있다.

그것은 말이 노력이지 기나긴 자신과의 투쟁이다. 다른 자기가 되고자 자기 마음을 통제하고 바꾸려는 끝이 없는 싸움의 연속이다. 그러나 몇 번의 전투는 승리할지 모르지만 전쟁은 실패하고 만다. 결국 지쳐 쓰러지고 만다. 어떠한 노력도 이제는 의미 없다고 느낀다. 이제는 더 이상 자신에게 어떤 기대도 하지 않겠다고 깊은 좌절에 빠진다.

놀랍게도 그러한 바닥에서 반전이 일어나는 경우가 있다. 자기와의 싸움이 끝나고 자신과의 화해가 시작되는 것이다. 매번 애쓰다가 지쳐 쓰러진 자신에게 연민의 마음을 느끼면서이다. 그 순간, 자기를 바꾸려고 애쓰기보다 자기를 돌보려는 방향으로 에너지의 흐름이 바뀐다. 나중에 친절하고 사랑을 베풀겠다는 마음에서 지금 친절하고 사랑을 베푸는 것이다. 자기가 바라는 그 돌봄과 사랑을 자기 자신에게 건네는 것이다.

씨를 뿌리는 농부의 마음으로

우리는 바뀔 수 있다. 부실한 안전기지를 튼튼한 안전기지로 만들어 갈 수 있고, 오랜 자기비난의 습관에서 벗어나 자기에게 좋은 벗이 되어줄 수 있다. 단, 자기 문제를 인정하고, 그 문제를 이해해야 하며, 그 문제의 해결을 위해 충분한 시간을 갖고 노력해야 한다.

그 꾸준한 노력은 자기 투쟁이 아니라 자기돌봄이다. 자기돌봄의 구체적 방법이 자기연민, 마음챙김, 친절한 자기대화이다. 이 세 가지를 꾸준히 실천하면 우리는 자신의 벗이 되어줄 수 있다. 획득된 안정성에 도달할 수 있다. 이 세 가지 방법은 하나하나 뒷장에서 설명을 이어갈 것이다.

우리가 해야 할 것은 자기를 바꾸는 것도, 구원의 상대를 찾는 것도 아니다. 자기를 돌보는 것뿐이다. 물론 자기비난의 습관을 가진 이들에게는 어렵게 느껴질 수 있다. 그러나 자기돌봄은 생명의 본성이다.

지금 당신의 손가락이 칼에 베였다고 해 보자. 당신은 가만히 있지 않을 것이다. 지혈을 하고 약을 바르고 밴드를 붙일 것이다. 그것이 본성에 부합되는 것이다. 오히려 피를 더 나게 상처를 헤집는 사람이 있을까?

마음의 상처도 그렇다. 우리는 마음의 상처를 돌볼 수 있다. 다만, 오랫동안 마음의 상처를 방치하거나 덧붙이는 데 익숙한 사람이라면 단지 시간이 걸릴 뿐이다. 특히, 초기저항을 조심하는 게 중요하다. 처음에는 불편함이나 어색함이 들 수도 있고, 심지어는 거부반응이 느껴질 수도 있다. 그러나 이를 예상하고 대비하면 이 또한 통과할 수 있다.

조바심으로 이루어지는 변화는 없다. 전진으로만 이어지는 변화 또한 없다. 시간이 걸리고, 전진과 후퇴를 반복한다. 그것을 받아들이면 된다.

서두르지 말자. 욕심내지 말자. 우리에게 필요한 것은 농부의 마음이다. 농부는 씨앗을 뿌릴 때 바로 꽃을 피우거나 수확을 할 거라 기대하지 않는다. 하나의 씨앗이 꽃과 열매가 되기까지 수많은 기다림과 보살핌이 필요하다는 것을 잘 알고 있기 때문이다.

자기와 친구 되는 일도 비슷하다. 우리는 자기친절의 꽃씨를 뿌리지만 그 꽃씨가 싹을 틔우고 꽃을 피우려면 꾸준한 시간과 돌봄이 필요하다. 군락을 이루려면 수많은 꽃씨가 필요하다.

우리는 씨 뿌리는 자의 마음이 되어야 한다. 씨앗을 심는다고 바로 싹이 트지 않는 것처럼 지금의 작은 친절이 바로 깊은 우정으로 자라지는 않는다. 그러나 지금의 작은 노력이 결국 좋은 우정으로 피어날 것이라는 믿음으로 자기 마음을 가꿔나가야 한다.

아무리 큰 구멍이라도 돌멩이 하나하나 메워 넣는 일부터 시작하는 것이다. 순간의 작은 자기돌봄이 하루를 바꾸고, 그 순간이 모여 삶이 바뀐다. 내가 그랬고 내가 아는 많은 이들이 그렇게 바뀌었다.

☜☞ 나만의 안전기지 만들기

지금 칼에 손을 베었다고 해 보자.

나는 지혈을 하고 약을 바르고 밴드를 붙일 것이다.

내 마음의 상처도 그렇다.

지혈을 하고 약을 바르고 밴드를 붙여주자.

사랑하는 사람을
돌보듯이 나를 돌보라

. . . . .

억지로 자기에게 친절을 베풀 수 없다. 우러나야 한다. 그것은 자신에 대한 공감에서 시작한다. 인간은 가장 넓은 공감의 원을 가지고 있으며, 공감의 최고 단계인 연민의 감정을 지닌 존재이다.

연민은 고통받는 상대를 안타깝게 느끼며 그 고통을 덜어주고자 다가가는 마음을 말한다. 이는 인간이 이 거대한 사회를 만들어온 근본적인 동력이다.

연민은 동정과 달리 시혜가 아닌 연대를 말한다. 상대와 융합되지 않고 자신과 상대를 오갈 수 있는 상태이다. 우리는 이 연민의 마음을 자기에게도 보낼 수 있다.

자기 고통을 안타깝게 여기고 그 고통 속에 있는 자신을 소중하게 여기는 것이다. 그리고 공감에 그치는 것이 아니라 자신이 그 고통에서 벗어날 수 있도록 친절을 베푼다.

1. 관계가 가까울수록
기대는 커진다

    사람 마음이란 묘하다. 큰 잘못이 아니라 무심코 던진 한마디에 상대는 씻을 수 없는 상처를 받기도 하고, 큰 도움이 아니라 아주 작은 도움인데도 상대는 감동을 받을 수 있다. 관계에서 크고 작음은 고정된 게 아니라 마음 상태에 따라 달라지기 때문이다. 마음이 힘들 때에는 작은 다툼에도 원수가 되고, 반대의 경우에는 작은 도움도 은인처럼 느껴진다.

    대부분 관계에서 상처받을 때는 자기가 힘든 상황인 경우가 많다. 취직시험에 떨어져서 친한 친구에게 연락했는데 일 끝나는 대로 전화 주겠다는 녀석이 밤늦게까지 연락이 없으면 그렇게 서운할 수가 없다. 첫 출산이 임박해서 어찌할 바를 모르는데 남편은 일 때문에 늦는다면 그 원망스러움은 두고두고 기억에 남는다. 회사 상사에게 호되게 질

책을 당하고 마음이 상해 있는데 애인이 오히려 회사 상사 편을 들면 그렇게 미울 수가 없다.

왜 그럴까? 애착 시스템 때문이다. 인간은 강렬한 애착본능을 가지고 있기에 안정적 애착을 형성했다고 하더라도 생존의 위협을 느끼거나 스트레스를 크게 받으면 우리 안의 애착 시스템은 자동적으로 발동한다. 누군가에게 기대고 위로받고 싶어진다. 즉, 평소와 달리 힘들 때는 건강한 성인이라도 애착욕구와 의존욕구가 높아진다. 그렇기에 가까운 사람에 대한 그 기대치는 높이 올라간다. 상대가 '내 편'이 되어주기를 바라게 된다.

이는 상대와 더 가까워지는 계기로 작동할 수도 있지만 반대로 상대의 작은 거절이나 비판에도 크게 상처받게 만들기도 한다. 하물며 애인이나 배우자에게는 그 기대치가 얼마나 높아지겠는가! '내 편' 정도가 아니라 '완전한 내 편'이기를 바라게 된다. 그것이 우리의 심리적 본능이다.

그렇기에 힘들 때 잘해준 사람은 평소보다 더 고맙게 느껴지고, 힘들 때 외면한 사람은 평소보다 훨씬 더 밉게 느껴진다. 인간관계에서 상대가 힘들 때 잘해주는 것이 중요하다. 이는 좋은 친구의 기준이 된다. 평소에 즐겁게 놀고 대화가 잘 통하는 것도 중요하지만 고통에 빠져 있을 때 힘이 되어주는 것이 더욱 중요하다.

물론 내 방식대로가 아니라 상대가 원하는 방식대로 잘해주는 것이 필요하다. 반대로 평소에 열 번 잘했더라도 힘들 때 한 번 못한다면 이를 다 까먹을 수도 있다. 그것이 우리가 지닌 애착 시스템의 특성이다.

그런데 많은 이들은 친절을 베풀고 공감을 하기보다는 무턱대고 위로나 조언을 한다. 심지어 잘잘못을 따지는 경우도 있다. 그러한 일들은 일단 상대방의 고통이 가라앉고 어느 정도 안정된 다음에 하는 것이 배려이고 지혜이다.

힘들 때 내 편이 될 수 있는가

자기와의 관계도 마찬가지이다. 자기와 좋은 관계를 맺고 있느냐는 평소의 모습을 보고서는 잘 모를 수 있다. 힘들 때 어떻게 자기를 대하는지를 봐야 한다. 대인관계나 자기와의 관계에 있어 진면목은 힘들 때 드러난다.

우리는 어떤 모습이 진짜 자기 모습인지 헷갈린다. 어느 때 보면 자기를 따뜻하게 대해주는 것 같다가도 어느 때 보면 정말 별것 아닌 일로 자기를 함부로 대한다. 물론 두 가지 다 우리의 모습일 것이다. 중요한 것은 자기가 힘들고 고통스러워할 때 어떻게 자기를 대하느냐이다.

진정한 자기친절은 그때 나타난다. 삶이 뜻대로 되지 않을 때, 인간관계에서 상처받을 때, 갑작스럽게 몸이 아플 때, 예기치 않는 불행이 자기를 덮칠 때 우리는 자기와의 관계를 엿볼 수 있다.

생각해 보라. 자기가 하고자 하는 바가 잘될 때, 주위 사람들의 인정을 받을 때, 건강할 때, 자기가 괜찮다고 느껴질 때 자기를 좋게 생각하고 친절하게 대하는 것은 어렵지 않다. 정작 친절이 필요할 때는 힘든 순간이다.

자기친절은 한 사람이 인생을 살아가면서 겪을 수밖에 없는 수많은 고난, 좌절, 갈등, 의사결정의 순간 등 힘든 상황에서 품위를 잃지 않고 헤쳐 나갈 수 있는 힘이 된다.

2. 연민,
그 최고의 공감

어떤 사람은 친절하지만 그 친절이 가슴이 아니라 머리에서 나오는 경우가 있다. 상대의 어려움을 함께 느끼면서 돕는 것이 아니라 상대가 힘들어하니까 도와줘야 한다는 생각에서 돕는 것이다. 이러한 친절이 나쁘다는 이야기가 아니다. 아무것도 하지 않는 것보다 낫다. 다만 좀더 자연스럽고 만족스러운 친절은 공감에 바탕을 둘 때 일어난다.

그 반대의 경우도 있다. 상대의 어려움에 지나치게 공감해서 마치 자기 일이나 자녀의 일이라도 되는 것처럼 느끼고 상대와 같이 힘들어하거나 부담이 갈 정도로 도움을 베푸는 경우이다. 이러한 과잉 공감에서 비롯된 친절은 스스로 배려라고 생각할지 모르지만 상대는 불편할 수 있다. 그리고 스스로 자신을 잘 돌보지 못한 채 다른 사람들을 지나치게 돕느라 감정적 소진에도 빠지기 쉽다. 즉, 공감의 부족만큼이나 과잉 공감 역시 인간관계나 자신과의 관계에 문제를 일으킨다.

공감이라는 말은 정말 중요하지만 우리는 공감이 무엇인지부터 잘 모른다. 우선 용어부터 잘 정리되어 있지 않다. 영어만 하더라도 공감과 관련된 단어가 많다. 우선 'pity, sympathy, empathy, compassion' 등을 들 수 있다.

이 단어들의 개념과 쓰임은 사람들마다 다르고 심리학자들마다 그 정의는 다르지만 자기연민을 연구하는 심리학자들은 이 단어들에 위계를 부여한다. 즉, 가장 낮은 단계의 공감을 'pity'라고 하고 가장 높은 단계의 공감을 'compassion'이라고 할 수 있다. 상대의 고통에 대한 이해도와 관여도 그리고 노력(실천)에 따라 다음과 같이 공감의 위계를 부여한다.

pity: 너 힘든 것 알아.

sympathy: 네가 힘들어서 걱정이 돼.

empathy: 네가 힘든 게 (나에게도) 전해져.

compassion: 너무 안타깝네. 네가 덜 힘들었으면 좋겠어.

많은 문화권에서는 연민을 그렇게 긍정적인 감정으로 여기지 않지만 심리학자들은 연민compassion을 최고의 공감이라고 꼽는다. 그것은 두 가지 이유 때문이다.

하나는 상대의 고통을 생각하고 느끼는 것을 넘어 그 고통을 덜어주고자 하는 마음이 내포되어 있기 때문이다. 즉, 연민은 실천적 공감을 의미하며 친절과 연대를 동반한다. 그 어원 역시 '고통하는'이라는 뜻을 가진 라틴어 'pati'와 '함께'라는 뜻을 가진 라틴어 'com'이 합쳐진 말이다.

또다른 이유는, 연민은 상대의 고통에 공감하면서 거기에 빠져버리는 것이 아니라 상대 입장과 자기 입장을 오갈 수 있는 것을 말한다. 그렇기에 연민의 감정에는 상대의 고통에 대한 다음 세 가지 마음이 포함되어 있다.

첫째, 상대의 고통을 함께 느낀다.
둘째, 상대의 마음을 헤아리며 나의 마음 또한 헤아린다.
셋째, 상대가 그 고통에서 벗어날 수 있도록 무언가를 하고 싶다.

인간이 인간일 수 있는 마음

내가 말하고자 하는 연민은 최고의 공감을 의미한다. 상대의 마음에도 공감하지만 나의 마음에도 공감하고, 나를 배려하면서 상대를 배려하는 것을 말한다. 그렇기에 연민은 엄밀히 말해 희생이 아니다. 자기를 희생시켜가면서까지 상대를 돕는 것이 아니라 자기가 할 수 있는 만큼 상대를 돕는 것이다.

그런 의미에서 연민은 자기희생이 아닌 자기만족을 불러일으킨다. 인간이 인간일 수 있는 것은 이 연민의 마음 때문이다. 인간은 포유류 중에서 공감의 원이 가장 넓다. 보통 동물은 유전자를 공유하는 친족 간에 국한되어 공감을 보이지만 인간은 유전자를 공유하지 않는 사람들은 물론 다른 종의 고통까지도 공감을 느낀다. 그리고 그 고통을 덜어주기 위해 활동을 한다.

우리가 연민에 대해 부정적인 생각을 하는 것은 연민을 동정과 구분하지 않고 사용하기 때문이다. 이 두 단어는 엄연히 다르다.

연민은 그 대상이 나와 어떤 식으로든 연결되어 있다고 느끼며, 그 대상의 고통이 나와 무관하지 않고 나에게도 벌어질 수 있음을 염두에 둔 연대의 감정이다. 그렇기에 내가 상대의 고통을 덜어줄 수 있는 것처럼 상대 또한 나의 고통을 덜어줄 수 있는 동등한 존재로 여긴다.

그에 비해 동정pity은 '연결감 없이 대상의 고통을 불쌍하게 여기는 마음'을 말한다. 대상의 고통은 나와 아무 관련이 없고 나는 겪지 않을 고통으로 보는 것이다.

이러한 동정은 사실 공감이라기보다는 불쌍함에 가깝다. 그렇기에 동정은 상호적일 수 없다. 나는 너를 불쌍하게 여기고 돕지만 너는 나를 불쌍하게 여기고 도울 수 없는 것이다. 연민은 순환의 돌봄으로 이어지지만 동정은 일방의 돌봄일 뿐이다.

3. 나만 그런 게
아니구나

챌린지 데이challenge day는 미국 청소년들에게 공감과 연민의 마음을 길러주는 비영리조직이다. 메인 프로그램의 이름 역시 하루 동안 진행되는 챌린지 데이이다. 그중에 '우리를 나누는 선들'이라는 활동 시간이 있다.

프로그램 진행자는 학교 강당의 한쪽에 학생들을 모이게 한 다음, 한 사람씩 자기가 힘들었던 사건을 간단히 말하게 하고 선 밖으로 옮겨가게 한다. 그리고 이야기를 들은 학생들 중에서 같은 경험을 한 사람이 있다면 선 밖에 서 있는 학생의 편으로 건너가라고 한다.

학생들은 돌아가며 자기가 겪은 힘든 경험을 이야기하고, 자기와 같은 고통을 경험한 학생들을 만날 수 있도록 충분한 시간을 갖는다.

학생들이 이야기하는 힘든 경험은 저마다 다르다. 인종차별, 따돌림,

가정폭력, 이별, 가난, 동료 학생이나 교사로부터의 모욕, 외모로 인한 놀림 등 고통은 다 다르지만 어느 시점을 넘어서면 강당에 있는 모든 학생들은 한 번 이상씩 선을 넘어가게 된다.

이 시간을 통해 학생들은 자기만 고통스러운 것이 아니라 누구나 이러저러한 일로 고통을 겪는다는 사실을 깨닫게 된다. 평소 똑똑하고 강해 보이는 학생들도 예외는 아니다.

이런 활동을 통해 참가자들은 지금껏 고통 속에 혼자라고 느껴왔던 마음의 벽을 허물고 서로에 대한 연결감을 느끼게 된다. 인간의 고통이 보편적이라는 인식이 강력한 치유력을 발휘하는 것이다. 물론 그 고통의 원인과 강도와 상황은 각각 다를 수밖에 없고, 어떤 경우는 누구도 이해할 수 없고 누구에게도 이야기할 수 없는 주관적 고통도 존재하게 마련이다.

뼛속 깊이 사회적인 존재

누구나 뜻대로 되지 않는 삶과 함께 고통을 겪으며 살아가야 한다는 점은 다르지 않다. 하지만 우리는 고통을 느끼면 연결감이 끊어지고 보편성을 잃어버리기 쉽다. 나만 힘든 것 같고 다른 사람들은 아무 문제 없이 잘 사는 것처럼 보인다.

이는 원래 고통보다 더 큰 고통으로 다가오는 경우가 많다. 인간을 절망에 빠뜨리는 것은 고통 때문이 아니라 그 고통 속에 혼자 있다고 느끼기 때문이다. 인간은 '나 혼자뿐이라는 느낌'을 가장 큰 고통으로 느낄 만큼 뼛속 깊이 사회적인 존재이다.

그렇기에 고통 속에서 혼자가 아니라 누군가와 연결되어 있다는 느낌은 우리를 일어서게 하고 살아가게 만든다. 물론 보편적 인간성 common humanity을 인식한다고 해서 원래의 고통이 사라지는 것은 아니다. 다만 혼자 그 고통을 겪는다는 마음에서 오는 수치심, 억울함, 고립감과 같은 2차적 고통이 약화되는 것이다.

마음건강 워크숍을 할 때면 삶에서 힘들었던 시기가 언제인지 그때 어떻게 회복했는지 그 경험을 같이 나누곤 한다. 물론 처음에는 다들 주저한다. 하지만 한 사람이 이야기를 꺼내면 자연스럽게 자기 이야기들을 시작한다.

어떤 때는 어린 시절의 성폭행이나 자녀를 자살로 떠나보낸, 차마 말로 표현 못할 고통을 이야기하는 분들도 있다. 그들은 '여기서는 이런 이야기를 해도 괜찮구나!'라는 심리적 안전감을 느끼게 되는 것 같다.

사람들도 신기해한다. 어떻게 처음 만난 사람들끼리 안전감을 느낄 수 있을까? 우리는 심리적 고통을 느끼면 감추려고 하기 쉽다. 특히, 어린 시절부터 힘들 때 표현할 수 없고 위로받을 수 없었다면 더더욱 그렇다. 더 심각한 것은 이야기를 꺼냈다가 더 혼이 나거나 배척당한 경우이다. 이런 경험을 가진 이들은 힘든 일이 있을 때 결코 입을 열지 않는다. 불신이 뼈에 사무쳐 있기 때문이다.

하지만 어느 순간 자기의 고통과 취약함이 혼자만 겪는 게 아니고, 저마다 삶의 고통과 자기 취약함으로 힘들어 한다는 것을 알게 되면서 단절감과 수치심은 옅어지기 시작한다. 자기의 고통과 취약함에 대한 보편성을 획득하는 것이다. 이는 자연스럽게 안전감과 연결감으로 이어진다.

그렇기에 집단상담이나 집단치유 과정은 개인상담보다 큰 힘을 발휘할 때가 많다. 서로의 아픔에 귀를 기울이다 보면 누가 먼저랄 것 없이 서로 공감하고 위로하고 토닥여주게 된다. '내 이야기는 할 수 없을 거야!' '나는 이해받을 수 없어'라고 생각하고 꽁꽁 싸매둔 상처가 자기도 모르게 터져 나온다.

그런 과정을 거치면 '누구나 저마다 말로 표현할 수 없는 상처를 지니고 살아가는구나!' '누구나 다 힘든 짐을 지고 있구나!' '나만 힘든 게 아니라 다들 힘들지만 참고 살아가는구나!'를 깨닫게 된다.

그 과정에서 이를 대면하고 풀어가고자 하는 용기가 저절로 움터나온다. 자기 안에 감추고 있던 또다른 모습을 포용하고 품어줄 수 있게 된다. 이렇듯 인간은 연약한 존재이면서 또 동시에 강인한 존재가될 수 있는 것이다.

우리 모두는 같은 인간이다

이처럼 보편적 인간성의 인식은 자기돌봄과 서로돌봄을 위한 가장 중요한 기초를 이룬다. 이는 자신을 포함한 인간은 누구나 취약하고 상처받기 쉽고 불완전하다는 보편적 인식에 바탕을 둔다. 즉, 자기 고통과 취약함이 이상한 게 아니라 한 인간이 삶을 살아가며 겪게 되는 자연스러운 것임을 받아들일 수 있게 되는 것이다.

인간이 뼛속 깊이 사회적 존재라는 사실에는 빛과 어둠이 함께 있다. 더 강한 친밀함을 얻기 위해 끈끈한 관계와 강한 소속감을 원하고 이를 위해 특정 개인이나 집단을 차별하거나 배척하기도 한다. 외부에 위협적인 적이 있다면 내부는 다 같이 동지가 되기 때문이다.

그러나 우리의 소속감과 연결감을 모두가 같은 인간이라는 사실에 둔다면 그 차별의 장벽은 낮아지고 이해와 포용의 마음이 자라난다. 그렇기에 세상에서 가장 크고 중요한 소속감은 '우리 모두는 같은 인간'이라는 보편적 인간성에 있다.

우리가 이 보편적 인간성을 인식한다면 누군가 행복해 보여도 그 또한 말 못할 고통을 안고 있는 존재라고 생각할 수 있으며, 타인의 부족함에 대해 '그럴 수도 있지'라는 너그러운 마음을 품을 수 있다. 반면에 우리가 보편적 인간성을 놓친다면 삶의 고통이 다가올 때 '나만 힘들다'는 억울함과 고립감 그리고 자기동정에 빠지게 된다.

꩜ 나의 고통에서 벗어나는 법_ 보편적 인간성에 대해 이해하기
다음 문장을 소리 내어 읽어보자.

· 우리 모두는 같은 인간이다.
· 우리는 모두 부족한 한 인간이다.
· 고통은 삶의 일부이다.
· 인간은 누구나 상처를 줄 수 있고 상처를 받을 수 있다.
· 우리는 저마다 삶의 짐을 지고 있다.
· 인간은 누구나 취약하다.

4. 심리적 조망권을 확대하기

　중현 씨는 자살유가족이다. 큰아들이 우울증 끝에 자살로 생을 마감했다. 중현 씨는 어렸을 때부터 엄격하게 아이를 키웠던 터라 아들이 우울증에 걸린 것도, 자살로 세상을 떠난 것도 모두 자기 잘못처럼 느껴졌다.

　아들이 세상을 떠난 지 1년이 넘었지만 그 죄책감의 무게는 조금도 덜어지지 않았다. 일만 겨우 하고 있을 뿐 삶의 모든 게 망가졌다. 식사도 거의 하지 않고 위태롭게 술로 겨우 버티고 있을 따름이었다. 밖에 나가면 자신을 제외한 모든 사람들은 잘 사는 것만 같았다.

　그는 부인에 의해 끌려오다시피 상담실을 찾았다. 삶의 모든 것을 포기한 사람처럼 절망적인 이야기를 늘어놓았다. 그는 불행 속에서 한 걸음도 빠져나오고 싶은 마음이 없었다. 어느 날 우두커니 앉아 있는 그에게 물었다.

"아드님이 혹시 자살이 아니라 암으로 세상을 떠났다면 어땠을까요? 그래도 지금의 심정과 비슷했을까요?"

그는 단번에 고개를 가로저었다. 차라리 아파서 세상을 떠났다면 이렇게까지 괴롭지는 않았을 것이고 지금쯤이면 자기도 괜찮게 살아가고 있을 것이라고 이야기했다. 나는 그분께 이렇게 이야기했다.

"사실 아드님도 아파서 세상을 떠난 것 아닐까요? 자살은 가장 무서운 정신질환입니다."

그는 동의하지 않았다. 하지만 고개를 숙인 채 긴 침묵을 이어갔다. 광대뼈가 더 두드러져 보였다. 최근에 더 살이 빠진 것 같았다.

나는 왜 식사를 안 하는지 물었다. 그는 자식을 죽게 만든 아버지가 무슨 낯짝으로 밥을 먹느냐고 되물었다. 자기를 함부로 대하는 것이 나름 아들에 대한 속죄이고, 그냥 이렇게 살다가 저세상에서 아들을 빨리 만나고 싶은 마음뿐이라고 했다.

나는 다시 질문을 던졌다.

"만약에 죽은 아드님이 자신을 망가뜨리고 있는 아버지를 보면 마음이 어떨까요? 지금 이 모습으로 저세상에서 아들을 만난다면 아들은 아버지를 보고 어떤 마음이 들까요? 만약 아들이 하늘에서 부모님을 보고 바라는 것이 있다면 그것은 무엇일까요?"

나는 차분히 죽은 아들의 관점에서 이 상황을 바라보도록 질문을 던졌다. 그는 자기의 죄책감에만 붙잡혀 있느라 단 한 번도 아들의 관점에서 이 상황을 바라보지 못했다. 그는 처음으로 자기 틀에서 벗어나 자살을 정신질환의 관점에서 바라보고, 자기를 아들의 관점에서 바라보았다.

시간이 지난 뒤 자살유가족 모임에도 나가게 되었다. 자기만 불행하다고 생각했지만 자기와 비슷한 처지에 놓여 있는 사람들이 많다는 것을 깨닫게 되었다. 그리고 그 안에서 위로와 힘을 받을 수 있었다.

2020년 한 해만 해도 우리나라에서 자살로 세상을 떠난 사람은 1만 3,195명이었으니 자살유가족은 얼마나 많을 것인가!

치유란 문제를 해결하는 것이라기보다 문제를 새롭게 바라보는 것에 가깝다. 자기 생각이나 관점에 사로잡혀 상황이나 문제를 바라보는 것에서 벗어나 새로운 생각이나 관점으로 바라보는 것이다. 이를 '재구성reframining' 혹은 '재평가reapprasial'라고 한다. 이는 부작용 없는 안정제와 같다.

새의 눈으로 나의 상황을 바라보기

고통이 클수록 우리는 자기 안에 갇힌다. 고통이 클수록 반추를 하게 된다. 끊임없이 되새김질하는 것이다. 시야가 협소해져서 자기 고민과 고통에만 사로잡혀 있기 때문이다. 그렇기에 감정은 더욱 요동치게 된다. 이 꼬리물기의 고리를 끊어내는 것은 쉽지 않다. 그러나 우리가 시야를 좀더 넓힐 수 있다면 반추는 약화된다.

주변에는 힘들 때 산에 가는 이들이 종종 있다. 물론 자연이 우리를 위로하고 받아주는 느낌도 있고, 걷기가 우리의 마음을 환기시켜주는 면도 있다. 그런데 왜 강도 아니고 바다도 아니고 굳이 산일까?

산에 올라가서 세상을 내려다보면 그 시야가 달라지기 때문이다. 마치 비행기에서 내려다보는 느낌이랄까? 시야가 확장된다. 나라는 존재도 작아지고 조금 전까지 내가 생활했던 세상도 작아 보인다. 광대한 풍경 앞에서 때로는 시간도 확장된다.

이렇게 조망이 확장되면 우리가 겪고 있는 고통과 문제 역시 좀더 큰 시야에서 바라볼 수 있게 된다. 영원할 것 같은 지금의 고통 역시 시간에 따라 지나갈 것이라고 느낄 수 있고, 나만 세상의 모든 고통을 다 끌어안고 있다는 느낌에서 벗어나 모두 저마다의 짐을 지고 살아간다고 느낄 수도 있다.

내리막에 있을 때는 내리막만 보이고 오르막에 있을 때는 오르막만 보인다. 좀더 넓게 보면 모든 삶이란 오르막과 내리막의 순환임이 보인다. 넓게 볼 수 있기에 양면이 보이고 시간의 흐름이 느껴지는 것이다.

자기가 고통스러울 때 보편적 인간성을 자각하는 것은 쉽지 않다. 우리는 고통을 느끼면 자기 고통에만 집중하기 때문에 시야는 협소해지게 마련이다. 그냥 내 고통만 느껴진다. 내가 가장 아픈 것 같고, 나만 이런 고통 속에 있는 것 같고, 아무도 내 고통을 몰라줄 것만 같다.

이는 강한 2차적 고통을 불러일으킨다. 원래의 고통에다가 '고립감' '소외감'이라는 추가적인 고통이 우리를 더욱더 짓누른다. 이런 상황에서 자기에게 친절하거나 타인과의 연결을 떠올리는 것은 불가능하다. 나를 빼고 세상 모든 사람들은 잘 살아가고 있는 것 같은데 어떻게 나에게 친절할 수 있겠는가!

그러나 잠시 눈을 감고 새의 눈으로 상황을 바라보자. 산 위에서 세상을 내려보자. 삶의 달력을 펼치고 이 시간을 살펴보자. 내 관점이 아니라 상대의 관점에서 이 상황을 바라보자.

무언가 다르게 바라볼 수 있을까?

5.　자기동정에
　　　빠지지 않기

　　오래전 일이다. 1990년대에 데미 무어가 주연한 영화 〈지.아이.제인〉을 본 적이 있다. 이 영화를 보고 가장 기억이 남는 사람은 콧수염을 기른 특수부대 교관이었다. 그는 연병장에 훈련생들을 모아놓고 데이비드 로런스 D. H. Lawrence 가 쓴 「self-pity」라는 시를 읊조린다. 'self-pity'는 흔히 '자기연민'으로 번역되는 데 사실 '자기동정'으로 번역되었어야 했다.

　　아무튼 이 시의 내용은 뭇 생명들은 자기를 불쌍하게 여기지 않는다는 것이다. 고통스러운 훈련을 받는 자기 처지를 불쌍하게 여기지 말고 강인하게 견뎌내라는 의미이다.

　　나는 자기연민에 빠진 들짐승을 본 적이 없다.

얼어 죽어 나뭇가지에서 떨어져 죽는 작은 새조차도
자기를 연민하지 않는다.

젊어서였을까? 나는 이 시가 참 멋있다고 느꼈다. 아무리 힘들어도 자기연민에 빠지지 말아야겠다고 생각했다. 그러나 정신과의사가 되고 한참 지나서야 자기연민이 자기치유의 핵심임을 깨달았다.

앞에서 이야기했지만 연민은 '고통에 대해 안타깝게 여기고 그 고통에서 벗어나기를 바라는 마음'을 말한다. 공감의 기본을 이루는 감정이다. 그러나 우리는 어떤가? 자기의 고통과 불행이라면 동정은커녕 연민도 거부한다.

그러나 힘들 때 자기를 돌보려면 자기연민의 마음이 꼭 있어야 한다. 모든 행동은 감정에 바탕을 둘 때 자연스럽기 때문이다. 이를 위해 우리는 자기동정과 자기연민을 구분할 필요가 있다.

자기동정self-pity은 고통의 보편성을 망각하고 이 세상에서 자기만이 그 고통을 겪는 불쌍한 사람처럼 느끼는 것을 말한다. 이는 '나만큼 힘든 사람은 없어'라는 생각으로 이어져 자신을 고립시키고 신세 한탄과 세상에 대한 원망에 빠지기 쉽다.

그에 비해 자기연민self-compassion은 자기 고통에 대해 안타까운 마음을 갖고 그 고통을 이해하고 진정시켜주는 진짜 위로를 건네는 마음을 말한다. 이는 다른 사람과의 연결을 촉진하고 고통을 돌보고 치유하는 행위로 이어진다.

나의 고통에 진짜 위로를 전하는 법

많은 이들이 힘들 때 자기를 위로하는 쉬운 방법을 알고 있다. 술을 마시기, 맛있는 음식을 먹기, 재미있는 동영상을 보기 등이다.

이러한 즉각적 위로는 그 효과는 빠르지만 오래가지 않으며, 시간이 지날수록 오히려 기분이 안 좋아진다. 마치 술에 취하면 기분이 좋지만 술이 깨면 더 기분이 안 좋은 것과 같다. 이는 자식이 아파서 괴로워하는 친구에게 '술 마시고 잊어버려'라고 이야기하는 친구와도 같다.

그렇다면 자기 고통에 대해 자기연민을 갖는다면 어떻게 행동할까? 친구의 고통에 대해 연민의 마음을 갖는다면 그 고통을 차분히 들어주고, 그 친구를 위해 도움을 베푸는 것처럼, 자기 고통에 귀 기울이고 고통을 위로하려고 할 것이다.

그 위로의 방법은 다양하다. 자기 감정에 공감해 주는 것은 물론 명상, 요가, 독서, 산책, 가드닝, 요리, 뜨개질, 반신욕 등 자기를 진정시키고 편안하게 돕는 활동이다.

이 힘든 세상을 살아가기 위해 우리에게 필요한 것은 강인함 이전에 자기연민이다. 자기연민이 있어야 우리는 힘들 때조차 자신에게 친절을 베풀 수 있다. 자기연민이란 '나의 고통을 느끼고, 나의 고통을 이해하고, 내가 그 고통에서 벗어날 수 있도록 무언가를 하고 싶은 마음'을 말한다. 당신은 고통 속에 있을 때 무엇을 느끼는가?

🐚 나의 고통에서 벗어나는 법

나의 고통을 외면하지 않고, 느끼고, 이해하고
그 고통에서 벗어날 무언가를 하고 싶어 하는 나의 마음을 알아차리기

6.   내가 고통에서 벗어나 편안하기를

"당신이 사랑하는 사람이 큰 고통에 휩싸였던 때를 떠올려보세요. 그 사람의 고통을 바라보는 당신 마음은 어떤가요? 어떻게 하고 싶은 마음이 느껴지나요?"

자애명상(따뜻한 자애의 마음을 일깨워서 외부의 다른 사람들과 생명들에게 보내는 불교식 수행법)을 진행하는 스님의 이야기가 끝나자마자 둘째 아이가 크게 다쳤던 순간이 떠올랐다. 고통스러워하는 아이를 떠올리니 꽤 지난 일인데도 정신이 혼미하고 애가 탔다.

스님은 호흡에 집중하라고 했다. 그리고 서로 호흡으로 연결되어 숨을 들이마실 때마다 그 고통을 나눈다고 연상해 보라고 했다. 이어 숨을 내쉴 때마다 '사랑하는 사람이 고통에서 벗어나기를'이라고 속삭이라고 했다. 조금씩 진정이 되었다.

잠시 시간이 지난 뒤에 이번에는 자기가 고통 속에서 혼자 방치되었던 상황을 떠올려보라고 했다.

여덟 살 때 나는 동네에서 다른 아이에게 얻어맞고 정신없이 집으로 도망쳐 온 적이 있다. 얼마나 급했던지 신발이 벗겨진 것도 몰랐다. 집에 와보니 신발이 한 짝밖에 없었다. 다시 찾으러 갈 생각조차 못했다. 그래도 집은 안전할 거라고 생각했다. 그러나 집에 오자마자 나는 '맞고 다니는 못난 놈!'이라는 소리와 함께 집에서 쫓겨났다.

그 장면을 떠올렸다. 밖에서 맞고 온 것도 서러운데 집에서까지 쫓겨나니 정말 처량했다. 어디로 가야 할지 몰라서 남의 집 대문 앞에서 한참을 울었다. 오래전 일임에도 가슴이 답답했다.

스님은 조금 전 사랑하는 사람에게 가졌던 연민의 마음으로 과거의 자신을 바라보라고 했다. 측은함이 전해졌다. 그리고 과거의 나와 지금의 내가 호흡으로 연결되어 그 고통을 나누어 보라고 했다.

나는 과거 그 아이의 고통을 조금씩 들이마셨다. 그리고 아이를 보고 숨을 내쉬면서 '네가 고통에서 벗어나 편안하기를'이라고 이야기했다. 이어 상상 속에 다가가 그 아이 옆에 앉아 어깨를 감싸주었다. 어깨를 토닥이며 '많이 서글프지? 이제 괜찮아. 내가 네 옆에 있어 줄게'라고 이야기를 해주었다. 그때 그 아이가 가족에게 듣고 싶었을 그 이야기를 해주었다. 아이의 흐느낌이 잦아들었다.

한동안 나는 자기연민을 부정적으로 생각했다. 나약한 사람들이 갖는 자기패배적인 감정이라고 생각했다. 이는 비단 나의 문제만은 아니다. 그만큼 우리 문화가 자기연민을 잘못 이해하고 있다. 서양에서도 그렇다. 동양에서의 연민, 배려, 공감 등은 늘 자신을 배제한 채 타인을 향해서만 강조하고, 서양은 자기 독립성과 자기주장을 강조할 뿐 자기에게 친절할 것을 강조하지 않는다.

자기연민의 세 가지 요소

자기친절과 자기연민은 연습을 해야 한다. 아무리 좋은 악기가 있다고 하더라도 이를 연주하는 것을 익히지 않으면 무슨 소용이겠는가! 마찬가지이다. 우리 마음에는 자기를 위로하고 격려할 수 있는 자원이 담겨 있다. 그러나 이 자원은 제대로 계발되지 않고 방치되어 있다. 특히, 다른 사람들에게는 친절하지만 자기에게는 불친절한 이들에게는 더욱더 그렇다.

존중, 자비, 친절, 사랑, 공감 등 우리가 살아가면서 길러야 할 많은 미덕이 있다. 그러나 아무리 좋은 미덕이라도 그 미덕이 자기를 제외하고 타인에게만 향한다면 이는 신경증이라고 할 수 있다. 남들에게는 친절하지만 자신에게는 유독 불친절한 이들이다. 그에 비해 건강한 사람은 미덕을 베푸는 대상에 자기를 포함시킨다.

우리는 자기에게 연민의 마음을 지닐 수 있어야 한다. 텍사스대학교 심리학과 크리스틴 네프Kristin Neff 교수는 자기연민의 요소를 세 가지로 본다.

> 우리가 고통을 느낄 때, 우리가 진실로 사랑하는 사람을 돌보듯이 우리 자신을 돌보는 것. 자기연민은 자기친절, 보편적 인간성에 대한 감각 그리고 마음챙김을 포함한다.

자기친절, 보편적 인간성, 마음챙김을 강조한 것이다. 그러나 이러한 세 가지 요소를 길러내기 앞서 중요한 것은 앞에 나온 이 문장이다. '우리가 고통을 느낄 때 우리가 진실로 사랑하는 사람을 돌보듯이 우리 자신을 돌보는 것' 그것이 바로 자기연민심의 핵심이다.

평소에 우리는 타인의 입장에서 생각해 보곤 한다. 내가 그 상황이라면 나는 어떤 심정일까? 그래서 함께 괴롭고 어떻게든 그 고통을 덜어주고 싶어 한다. 마찬가지이다.

우리가 고통스러울 때 우리는 이렇게 물어야 한다. '내가 사랑하는 사람이 이런 고통을 느끼고 있다면 나는 어떻게 느끼고 어떻게 해줄 것인가?' 그리고 사랑하는 사람을 대하듯 나를 대하는 것이 바로 자기연민이다.

그 효과도 뛰어나다. 불안, 우울, 반추, 집착, 수치심과 같은 부정적인 마음 상태를 감소시키며 건강한 자존감을 유지할 수 있게 한다. 자기연민을 통해 우리는 비교를 덜할 수 있고, 보다 안정적인 자기가치를 가질 수 있다.

자기와 관계 사이의 균형도 맞춰가게 된다. 다른 사람에게뿐 아니라 자신에게도 연민과 공감을 보냄으로써 공감피로나 감정적 소진이 줄어든다. 그뿐 아니라 실패와 좌절에 대한 두려움이 줄어들고 실패하더라도 다시 도전할 가능성이 높아진다.

✿✿ 나의 고통에서 벗어나는 법_ 자기연민심 명상하기

① 지금 있는 자리에서 눈을 감습니다. 그리고 호흡에 주의를 기울여 봅니다. 몸 어디에서 호흡이 가장 잘 느껴지는지 살펴봅니다. 가장 흔한 포인트는 코끝, 흉곽 혹은 복부의 움직임입니다.

② 1분가량 호흡을 이끌려고 하지 말고 몸이 숨을 쉬는 대로 가만히 따라갑니다. 호흡에 따라 당신의 몸이 어떻게 움직이는지, 호흡이 당신을 어떻게 감싸는지 알아차려 봅니다.

③ 당신 앞의 공간을 의식해 봅니다. 이제 그 공간에 당신이 사랑하는 사람이 힘들어하던 모습을 떠올려 봅니다. 언제 어떤 장면이 떠오르나요?

④ 사랑하는 사람의 고통을 떠올릴 때 당신의 몸에 어떤 변화가 생기는지 가만히 느껴보기를 바랍니다. 몸의 어디에서 그 변화가 느껴지나요? 그리고 고통에 있는 사랑하는 사람을 위해 어떻게 하고 싶은 마음이 느껴지나요?

⑤ 당신이 숨을 내쉴 때 그 날숨이 사랑하는 사람을 향하도록 합니다. 마음속으로 이렇게 이야기해봅니다. '당신이 고통에서 벗어나 편안하기를' 숨을 내쉬면서 사랑하는 사람에게 따뜻함과 친절함 그리고 고통에서 벗어나기를 바라는 연민의 마음을 보내봅니다. 지금 마음은 어떤가요?

⑥ 이제 다시 앞의 공간에 주의를 기울입니다. 당신이 이전에 고통 속에 혼자 남겨졌던 기억을 떠올려봅니다. 어느 누구에게도 위로받지 못하고 혼자 감당해야 했던 기억이 떠올랐나요? 당신이 몇 살 때인가요?

⑦ 지금 그 기억을 떠올릴 때 그 당시의 고통이 몸 어디에서 느껴지는지 가만히 살펴보길 바랍니다. 신체 부위 한 군데만을 선택합니다. 호흡을 하면서 그 부위에 의식을 집중합니다.

⑧ 지금 당신은 고통 속에 혼자 있던 과거의 당신을 바라보고 있습니다. 그 눈을 바라보세요. 어떤 느낌이 드나요?

⑨ 이번에는 조금 전에 사랑하는 사람에게 보냈던 연민의 마음으로 과거의 당신을 바라보세요. 어떤 마음이 느껴지나요? 어떤 말을 하고 어떤 행동을 하고 싶어지나요?

⑩ 과거의 고통스러워하는 자신이 그 고통에서 벗어나기를 바라 봅니다. 당신이 숨을 내쉴 때마다 고통이 여전히 느껴지는 몸의 부위에서 그 고통이 조금씩 밖으로 빠져나간다고 상상해 봅니다.

⑪ 다시 호흡에 집중합니다. 숨을 내쉴 때 과거의 자신에게 향하게 합니다. 마음속으로 '내가 고통에서 벗어나 편안하기를'이라고 이야기해봅니다. 이제 숨을 내쉬면서 따뜻함과 친절함 그리고 고통에서 벗어나기를 바라는 마음으로 숨을 내쉽니다.

⑫ 서서히 눈을 뜹니다.

⑬ 전체적인 느낌을 기록해 봅니다.

7. 누구나 아플 수 있는 권리가 있다

약 5년 전부터 나는 치유걷기를 진행해 왔다. 이는 걷기 상담과는 또다른 프로그램이다. 치유걷기는 몸의 움직임을 통한 신체 자각력을 획득하고 자기돌봄의 능력을 증진하기 위한 집단 프로그램이다.

이 프로그램에는 아픈 몸에 대한 연민의 마음을 기르는 '아픈 몸과 대화하기' 시간도 있다. 자기의 아픈 신체 부위를 의인화시켜 그 부위를 하나의 인격체로 보고 대화를 나누는 것이다. 대화라기보다는 아픈 몸이 나에게 하는 이야기를 들어주는 시간이다.

아픈 몸은 우리에게 원망을 쏟아낸다. 다른 사람이 아픈 것은 잘 챙기면서 왜 그렇게 자신의 아픈 몸은 계속 방치하는지 울분을 쏟아내는 경우도 있다. 이는 자기돌봄의 현 상태를 드러내주는 순간이다. 아무리 강아지를 사랑한다고 말하지만 평소 산책도 안 시켜주고 아플 때 잘 돌봐주지 않는다면 어떻게 강아지를 사랑한다고 할 수 있겠는가!

노인 요양시설을 운영하는 40대 중반인 경숙 씨는 자기돌봄 클럽의 멤버이다. 2년 전 그녀는 쉽게 피로를 느끼고 다리가 잘 붓고 머리가 아파서 병원을 찾았다. 검사 결과 만성신부전이었다. 억울한 마음이 들었다. 다른 사람들보다 더 건강을 관리해 왔다.

그녀는 그렇게 건강에 신경을 썼는데 이런 일이 생겼다는 게 받아들이기 어려웠다. 이제 좀 자리를 잡고 여유를 누리는가 싶었는데 몸은 회복이 쉽지 않을 만큼 망가져 있었다. 얼굴빛은 점점 거뭇거뭇해지고 윤기는 사라졌다. 한 동안 '왜 하필 나일까?' '왜 이런 몸을 타고났을까?' 하는 원망만 커져만 갔다.

꼭 나가야 하는 일이 아니면 밖에도 잘 나가지 않았다. 집안일도 예전처럼 신경을 쓰지 못했다. 모든 것에 흥미가 사라졌다. 앞으로 더 산다고 해도 무슨 희망이 있을까 싶었다.

우울하고 무기력하게 살다가 하루는 욕실에서 거울에 비친 자기 모습을 보았다. 거울 속에 서 있는 자신이 너무 슬퍼 보이고 안타깝게 느껴졌다. 눈물이 주르륵 흘렀다. 얼굴을 타고 흐르는 눈물이 뜨거웠다. 그 따뜻함이 좋았다. 감정이 살아난 느낌이었다.

나의 몸에 사과하다

그녀는 뒤늦게 자기가 할 수 있는 것을 찾게 되었다. 명상, 운동 등을 시작하였고 만성신장병 환자들의 치유캠프에도 참가했다. 신장병에 대해 공부를 하면서 생활습관을 바꾸기 시작했다. 그 과정에서 자기돌봄 클럽에도 가입했다.

병의 증세는 달라지지 않았지만 차츰 마음이 달라졌다. 무엇보다 질병에 대한 태도가 달라졌다. 이전에는 신장병에 걸린 것을 형벌이나 실패처럼 느껴졌는데 이제는 '아플 수 있는 권리'가 있음을 받아들이게 되었다. 평균수명이 급격히 늘어난 현대사회에서 한두 가지 이상의 만성질환을 안고 살아가야 하는 것은 너무나 자연스러운 일이 아닌가! 그런데 왜 지금까지 불행과 패배로만 여기고 살았는지 후회되었다.

차츰 아픈 몸에 대한 원망에서 벗어나 미안함과 연민의 마음이 커졌다. 지금까지 자신을 위해 애써온 몸이 아픈데 왜 이리 모질게 대하고 구박만 했는지 미안하기만 했다. 그녀는 뒤늦게 몸에 사과를 했다. 그리고 건강을 잃고 모든 것을 잃었다고 느끼는 절망감에서 벗어났다.

이제 그녀는 자신의 신장질환에 대해 이렇게 생각한다.

'살다 보면 넘어질 수도 있고 아플 수도 있다. 그럼 거기서부터 다시 시작하면 된다. 건강을 잃으면 다 잃은 것이라고 하지만 아프다고 모든 것을 잃은 것은 아니다. 그냥 건강의 일부를 잃은 것일 뿐이다.'

그녀는 하루하루 자기 몸을 토닥거리며 이렇게 이야기를 한다. '내가 지금의 모습대로 사랑할 수 있기를' '내가 내 몸을 잘 돌볼 수 있기를'이라는 자기친절의 문구를 말한다.

물론 지금도 한 번씩 슬픔과 불행감이 밀려올 때도 있다. 하지만 예전처럼 그 감정에 휩쓸려서 하염없이 빠져 있지는 않다. 오히려 자기 몸과 마음을 돌본다. 그 감정을 피하려고 하지 않고 울고 싶어지면 그냥 운다. 그리고 자신을 위해 반신욕을 하거나 풍욕을 하고 마음을 담아 치유식을 만든다.

몸은 돌봄의 대상

자기에게 불친절한 사람이 몸을 친절하게 대할 리가 없다. 자기를 싫어하는 사람들은 하나같이 자기 몸을 싫어한다. 몸은 움직이길 원해도 계속 누워 있고, 물을 달라고 해도 무시하고, 배가 부른데도 음식을 집어넣고, 필요한 수면시간조차 제공하지 않는다.

이는 운동을 열심히 하고, 늘 다이어트를 시도 하고, 외모를 잘 꾸미는 사람 또한 예외일 수 없다. 이들은 몸을 잘 관리하는 사람처럼 보일 수도 있다. 그러나 그 바탕에 자기혐오가 자리 잡고 있는 경우가 많다.

실제로 이들이 하는 관리는 지나치고 오래가지 않는다. 건강을 잃게 하고 자신과 더 불화에 빠지게 한다. 이들은 부작용이 우려될 정도로 시술을 받고, 몸이 아프다고 해도 운동을 멈추지 않고, 어지럽고 생리가 끊어질 때까지 급격한 다이어트를 일삼는 식으로 나타난다. 이들에게 몸은 돌봄의 대상이 아니라 꾸밈의 대상일 뿐이다.

자기돌봄은 몸에서부터 시작해야 한다. 자기연민은 몸의 고통에 대한 공감에서부터 시작해야 한다. 지금까지 자신을 위해 애써온 몸에 대한 감사에서 시작해야 한다. 내 몸을 존중하지 않는 자기존중, 내 몸을 돌보지 않는 자기돌봄, 내 몸의 고통을 외면하는 자기연민은 모두 거짓이다.

🌀 나의 고통에서 벗어나는 법

내 몸이 아플 때 사랑하는 이의 아픈 몸을 염려하고 돌보듯 내 몸을 돌보기.

8. 나를 안아주고
토닥여주기

자기연민을 연습하는 동안 종종 과거에 힘들었던 자신을 만나게 된다. 누군가에게 기대고 위로받고 싶었지만 그럴 수 없어서 혼자 견뎌야 했던 시간들이다. 흔히 어린 시절의 모습을 떠올리는 경우가 많다. 상처받은 내면 아이를 만나는 것이다.

고통 속에 혼자 있는 과거의 자기를 만날 때면 사람들은 괴로움과 함께 안타까움을 느낀다. 그것이 바로 연민의 마음이다.

"고통 속에 혼자 있는 과거의 나에게 어떻게 하고 싶으세요?"라고 묻기도 전에 사람들은 혼자 있는 그 아이에게 다가간다. 그리고 심상 속에서나마 손길을 내민다. 손을 잡아주고, 어깨를 토닥이고, 꼭 끌어 안아준다. 누가 시키지 않아도 따뜻한 손길을 보내고 위로의 말을 건넨다.

"괜찮아. 이제 내가 옆에 있어 줄게."

조금씩은 다르지만 연민의 마음을 느꼈을 때 사람들이 하는 행동들은 유사하다. 몸과 몸을 접촉시킨다. 왜 그럴까?

그것은 최초의 사랑이 접촉으로 이루어지기 때문이다. 사랑과 돌봄은 기본적으로 촉각적이다. 아이가 울면 부모는 아이를 안아주고 토닥여준다. 그러면서 '괜찮아. 엄마가 있어. 울지 마!'라고 이야기한다.

그렇기에 애착의 손상이란 접촉의 손상이라고도 할 수 있다. 여러 가지 심리학 실험을 보면 안아주지 않은 아이는 정서적 발육은 물론 뇌 성장을 포함한 신체적 발육이 저하된다는 공통된 결과를 보여준다. 미숙아로 태어난 아이들의 성장속도를 비교해 보니 하루에 15분씩 열흘 동안 마사지를 받은 아이가 그렇지 않은 아이보다 몸무게가 47퍼센트나 더 증가했다는 보고 등 신체접촉의 중요성에 대한 연구결과는 차고 넘친다.

포옹은 친밀감의 호르몬인 옥시토신을 증가시키는 반면에 코르티졸과 같은 스트레스 호르몬을 낮춰준다. 이 옥시토신은 대표적인 항스트레스 호르몬으로 정서조절에 중요한 역할을 한다. 실제 포옹을 많이 받은 아이들은 타인에 대한 신뢰와 스스로도 따뜻한 마음을 갖게된다. 신체적 면역력 또한 높다.

더 나아가 사회적 면역력의 기초가 된다. 미국 국립보건원이 400여개 문화권을 분석한 결과, 포옹이 많은 문화권일수록 폭력이 적다는 연구결과도 있다.

자기조절력에 영향을 미치는 호르몬과 신경계

신체접촉은 자기조절력 발달에도 중요한 영향을 미친다. 옥시토신이 자기조절에 중요한 호르몬이라면 미주신경은 자기조절에 중요한 신경계라고 할 수 있다. 열 번째 뇌신경에 해당하는 미주신경vagus nerve은 대표적인 부교감신경이다. 과거에는 자율신경을 흥분과 관련된 교감신경, 이완과 관련된 부교감신경으로 간단히 나누었다.

그러나 자율신경계를 연구하게 되면서 부교감신경이 이완 반응뿐 아니라 부동화immobility 반응과도 관련 있다는 것이 밝혀졌다. 이는 미주신경이 두 개의 체계로 나뉘어 있기 때문이다. 미주신경은 얼굴과 목, 귀에서부터 가슴, 배 부위의 여러 내장 기관에 이르기까지 광범위하게 분포되어 있지만 그 위치에 따라 뒤쪽 미주신경과 앞쪽 미주신경으로 나눌 수 있다.

뒤쪽 미주신경은 위협상황에서 부동화 반응을 유발하여 생존을 보호한다. 무척추동물들도 가지고 있는 원시적인 미주신경이다. 그에 비해 앞쪽 미주신경은 포유류 동물 이상에서 보이는 진화된 미주신경이다. 이는 이완 및 자기진정self-soothing, 사회적 활동을 촉진한다. 교감신경이 흥분을 유발하고 부교감신경이 이완을 담당한다고 할 때 그 부교감신경이 바로 앞쪽 미주신경을 말한다. 이는 주로 얼굴, 목, 귀 쪽으로 분포되어 있다.

특히, 인간은 이 앞쪽 미주신경이 잘 발달되었기 때문에 스트레스를 받더라도 교감신경계의 각성을 잘 조절하여 사회적으로 친화력을 발휘할 수 있다. 이렇게 감정조절과 사회성에 중요한 앞쪽 미주신경을 '똑똑한 미주신경smart vagus'이라고도 부른다.

앞쪽 미주신경이 교감신경의 흥분을 잘 조절할 수 있는 정도를 '미주신경 긴장도vagal tone'라고 부른다. 미주신경 긴장도가 강하다는 것은 감정조절을 잘 할 수 있음을 의미한다.

정리해 보면 뒤쪽 미주신경은 부동화 반응을 유발하고, 교감신경은 우리를 '투쟁 혹은 도피fight-or-flight' 반응으로 이끄는 반면에 앞쪽 미주신경은 우리를 '진정 그리고 연결calm and connect' 반응으로 이끌어준다. 힘든 일이 있어도 자기를 진정시키고 다른 사람들에게 이야기를 나누거나 도움을 구할 수 있게 된다. 이 미주신경 긴장도가 높으면 감정조절의 창이 넓게 유지된다.

미주신경의 긴장도 또한 따뜻한 보살핌을 받고 자란 아이들의 경우에 높다. 이처럼 미주신경 긴장도가 높은 사람들을 버클리대학교 심리학과 교수 대커 켈트너Dacher Keltner는 '미주신경 슈퍼스타들vagal superstars'이라고 부른다. 이들은 상대적으로 긍정적인 정서를 유지하고 또래와 친밀한 관계를 맺고 감정조절 능력이 높다.

스스로 따뜻한 손길을 건네기

그렇다면 따뜻한 손길을 받지 못한 사람은 어쩌란 말인가? 어떻게 미주신경 긴장도를 활성화시킬 수 있을까?

가장 대표적인 것이 '느린 호흡'이다. 우리가 스트레스를 받으면 교감신경이 항진되어 자기도 모르게 호흡이 짧아진다. 그렇기에 긴장을 하면 우리는 흔히 심호흡을 한다. 그것은 호흡으로 미주신경의 긴장도를 높임으로써 흥분한 교감신경을 진정시키려는 본능적인 자기조절 반응인 것이다.

명상을 통해 느린 호흡을 하는 것도 좋지만 입술을 오므려 '호' 혹은 '후' 하며 내쉬는 숨을 조금 길게 하는 연습 정도만 해도 좋다.

두 번째 방법은 미주신경이 성대와도 연결되어 있어 자주 흥얼거리거나 노래를 부르는 것도 미주신경을 활성화시키는 데 도움이 된다.

세 번째 방법은 연민심이다. 토론토대학교 심리학과 제니 스텔라Jenny Stella 교수팀은 연민심이 미주신경의 긴장도를 높여준다는 연구 결과를 2015년도 《성격 및 사회심리학 저널Journal of Personality and Social Psychology》에 발표한 바 있다. 타인의 고통에 대해 연민의 마음을 가지는 것만으로도 미주신경 긴장도가 활성화되는 것이다.

네 번째 방법은 마사지이다. 미주신경이 지나가는 목빗근이나 귀 아래 부위를 자주 마사지해 주는 것이다. 어릴 때 배가 아프면 엄마가 배를 쓸어주었던 것처럼 마사지는 인류의 가장 오래된 심신치유 방법이다.

나는 감정조절이 안 되거나 과각성 상태가 되면 '괜찮아, 괜찮아' 하며 심장 위쪽의 가슴을 한 손으로 토닥토닥한다. 부모들이 아이들을 진정시키거나 재울 때 가슴을 토닥토닥해주는 것과 같다. 가슴을 토닥이는 것만으로도 우리의 호흡과 심박동은 진정된다. 이 역시 앞쪽 미주신경을 자극하는 것이다.

따뜻한 손길이 우리의 마음뿐 아니라 몸도 안정시켜준다는 것을 우리는 경험으로 알고 있다. 자기연민은 단지 따뜻한 말을 건네는 것으로는 부족하다. 고통 속에 나를 돌보기 위해서는 언어 이전에 따뜻한 손길이 필요하다. 특히, 어릴 때 따뜻한 신체접촉을 받지 못했다면 스스로 자기 몸을 만져주는 것이 좋다. 자기 자신을 안아주고 토닥여주는 것이다.

먼저 내 몸과
마음을 챙기자

·····

당신의 양쪽 손바닥을 펴서 바로 눈앞에 갖다 대보자. 손바닥을 제대로 볼 수 없다. 조금씩 손과 눈 사이의 거리를 조정해 보자. 어느 정도의 거리가 손바닥을 가장 잘 볼 수 있는 위치인가? 적정거리가 유지되면 손바닥이 잘 보인다. 손금이 어떤 모양인지, 손바닥의 빛깔이 어떤지 등이 눈에 들어온다.

마음도 마찬가지이다. 마음을 관찰하려면 거리가 있어야 한다. 평소에는 자기 생각이나 감정을 관찰할 수 있지만 마음이 요동치면 그 거리를 잃어버린다. 바로 눈앞의 손바닥처럼 생각과 감정과 융합되고 만다. 내가 쓸모없다고 느껴지면 그 생각과 그대로 하나가 되고 만다. '내가 쓸모없다고 생각한다'가 아니라 '내가 쓸모없다'가 되어버린다. '내가 지금 우울해'가 아니라 '나는 우울한 사람'이 되어버린다.

그렇기에 고통 속에 있는 나를 돌보려면 내 마음과 거리를 둘 수 있어야 한다. 5장은 마음챙김뿐 아니라 몸챙김을 통해 요동치는 마음을 진정시키는 방법을 소개하고자 한다.

1. 몸의 감각을
     느끼고 표현하기

1년 전 미현 씨는 남편을 갑작스러운 사고로 떠나보냈다. 불과 몇 시간 전까지 멀쩡하게 통화를 한 사람이 순식간에 유명을 달리했다. 어떤 작별인사도 하지 못했다. 믿어지지 않았다. 한동안 아무것도 못하고 멍하게 지냈다. 금방이라도 문을 열고 들어올 것만 같았다.

그녀는 그 슬픔과 고통을 말로 잘 표현하지 못했다. '너무 힘들다. 너무 괴롭다. 세상을 어떻게 살아가야 할지 모르겠다'라고만 표현했다.

나는 그녀에게 우선 마음의 고통이 몸의 어디에서 느껴지는지, 그 고통의 느낌이 어떤지 하나하나 물었다. 그녀는 그냥 힘들다고만 하다가 서서히 몸의 감각에 주의를 기울였다. 가장 아픈 곳은 심장 주변이었다. 점점 그 묘사가 정교해지기 시작했다.

"체한 것처럼 가슴이 먹먹하고 깨진 유리조각으로 심장을 긁는 것 같이 아려와요."

　이처럼 갑작스러운 충격을 받아서 무감각해지는 경우도 있지만 그런 일이 없어도 무감각한 이들이 있다. 감정뿐만 아니라 몸의 감각도 잘 못 느낀다. 심지어 통증에 대한 감각도 떨어져 있다. 그렇기에 병을 키워 뒤늦게 치료를 시작하는 경우가 많다. 계속 몸의 소리를 외면하다가 쓰러지거나 사망하는 경우도 있다.

몸을 움직이지 않는 현대인들

　왜 이렇게 몸의 감각이 떨어졌을까? 너무 머리로만 세상을 살아왔기 때문이다. 특히, 사무직 직장생활을 오래 한 사람들은 더욱더 그렇다. 머리를 많이 사용할 뿐 아니라 조직생활 속에서 감정을 오랫동안 억압하기 때문이다.

　우리는 특정 직업군을 대상으로 '감정노동자'라는 표현을 쓰지만 사실 직장생활하면서 자기감정을 드러내고 살아가는 사람이 누가 있겠는가! 정도 차이가 있을 뿐 우리는 누구나 감정노동을 하며 살아간다. 그렇다면 감정을 억압하는 것과 몸의 감각이 떨어지는 것이 무슨 상관이 있을까?

　곰곰이 생각해 보자. 우리는 자기 감정을 어떻게 알 수 있을까? 당신은 자기가 화가 났다는 것을 어떻게 알 수 있는가? 당신이 불안하다는 것을 어떻게 아는가? 물론 '아이가 자꾸 말대꾸를 한다'와 같은 자극이나 '내일 시험인데 공부할 게 많이 남아 있다'와 같이 상황을 떠올리기 쉽다.

　그러나 그것은 말 그대로 자극과 상황일 뿐 감정이 아니다. 똑같은 자극이나 상황에서 어떤 사람들은 다른 감정을 느끼거나 별다른 감정을 느끼지 않을 수 있다. 그 자극과 상황이 신체 감각적 변화를 만들어 냈을 때 우리는 감정을 느낀다고 이야기한다.

예를 들면, 얼굴에 열감이 느껴지거나 눈에 힘이 들어가거나 혈압이 올라오는 것 같은 느낌이 들기 때문에 우리는 화가 났다고 생각하고, 심장이 두근거리고 가슴이 답답하고 손에 땀이 나기 때문에 불안하다고 생각한다. 즉, 상황과 자극에 따른 신체 감각적 변화를 심리적 경험으로 이름 붙인 것이 바로 감정이다.

이렇게 내부 신체감각의 변화를 통해 우리는 감정을 인식한다. 그러므로 누군가 감정을 억압한다면 이는 감각을 억압하는 것을 말한다. 특히, 트라우마 환자들은 온몸으로 고통스러운 기억이 떠올려지기 때문에 더더욱 자기 감각을 억누른다. 그에 따라 자기가 감각한 것을 인식하고 이를 말로 표현하는 것에 어려움을 겪는다.

이를 '감각인식 불능증alexisomia' 혹은 '감각표현 불능증'이라고 한다. 그렇다 보니 신체적 통증에 대한 감각도 떨어지고 자기 에너지 상태나 피로도도 알아차리지 못해 자신을 잘 돌볼 수 없다.

그게 꼭 트라우마 환자들만의 이야기일까? 많은 현대인들은 머리로만 살아가기 때문에 자기 감각을 잘 느끼지 못한다. 자신이 어떻게 앉아 있는지는 물론, 관절의 움직임이나 근육의 긴장도, 갈증이나 배부름, 심지어 변의나 요의조차도 잘 느끼지 못한다.

몸의 통증이 생기면 그냥 '아프다' 정도로 표현할 뿐 그 통증의 성질과 양상을 구체적으로 묘사하지 못한다. 그 통증이 멍한지 날카로운 느낌인지, 따끔거리는 것인지 찌르는 느낌인지, 둔기로 얻어맞은 느낌인지, 쥐어짜는 느낌인지 등을 표현하지 못하고 언제 어떤 상황에서 악화되고 완화되는지를 알아차리지 못한다.

이렇게 감각을 둔하게 느끼는 이들은 자기 고통을 잘 알아차리지도 못할 뿐 아니라 자기 감정을 인지하고 분류하고 표현하는 데도 어려움을 겪는다. 아주 단순하게 '기분이 좋다, 안 좋다'라고 뭉뚱그려 표현하거나 그냥 힘들다고만 이야기할 뿐 그 감정이 무엇인지, 어떤 느낌인지, 뭐라고 표현해야 할지 알지 못한다. 그러므로 감정을 지각하고 분류하고 표현하는 감정지능을 높이려면 우선 감각문해력somatic literacy을 키우는 것이 필요하다.

나의 신체감각을 구체적으로 표현하기

감각문해력이란 자기 몸의 감각을 느끼고 이를 감각적 단어로 구체적으로 표현하는 것을 말한다. 감각문해력이 높아지면 사람들은 신체감각을 통해 자기 몸 상태를 잘 알아차리고, 몸과의 소통이 활발해지고, 감각을 통해 감정을 더 깊이 체험하게 된다. 또한 과거의 상처가 어떻게 몸에 저장되어 있는지를 느끼고, 저각성 혹은 과각성된 자기의 신체 생리적 상태를 어떻게 하면 조절할 수 있는지 그 방법들을 하나하나 알아가게 된다.

처음에 미현 씨는 눈을 뜬 모든 시간이 괴롭다고 했다. 그러나 가만히 살펴보니 꼭 그런 것만은 아니었다. 나는 그녀에게 일상생활에서 언제 그 고통의 결이 조금씩 달라지는지 살펴보자고 했다. 밤에 혼자 잠이 들 때와 남편의 손때 묻은 물건을 볼 때 고통이 커졌고, 산책하거나 반신욕을 하거나 차를 마실 때에는 고통이 덜 하다고 느꼈다.

포커싱 치료의 창시자인 유진 젠들린Eugene Gendlin은 '감각느낌felt sense'이라는 개념을 만들었다. 감각느낌은 어떤 상황이나 사람 혹은 사건에 대한 신체 감각적 알아차림을 뜻한다.

젠들린에 의하면 내면에 주의를 기울여 이 감각느낌을 알아차리고 충분히 경험하고 대화를 하면 이 감각느낌은 변화하게 되어 몸의 전환이 일어난다고 말한다. 전율이나 떨림으로 감정적 에너지가 방출될 수도 있고, 뜨거움과 차가움 사이의 온도 변화로 감지될 수도 있고, 단단함과 부드러움 사이 감촉의 변화일 수도 있다.

그렇게 보면 감정을 수용하고 경험한다는 의미는 감정에 따른 몸의 변화를 온전히 받아들이고 경험하는 것이라고 할 수 있다. 젠들린은 이를 '몸의 반전body shift'이라고 이야기한다. 고통의 진원이었던 몸이 회복의 동력으로 바뀌는 순간이다. 미현 씨도 슬픔이 사라진 것은 아니지만 슬픔의 결이 점차 부드러워졌다.

이렇게 몸을 통한 자기인식력이 높아지면 자기와의 소통이 잘 이루어진다. 사람과의 소통은 언어를 통해 이루어지지만 자기와의 소통은 감각을 통해 이루어지기 때문이다.

자기소통이 잘 이루어지면 어떻게 될까? 자기돌봄이 가능해진다.

୭୬ **마음챙김의 시간**
자기 몸의 감각을 느끼고 구체적인 단어로 표현해 보자.

2. 마음은
관찰과 돌봄의 대상

자기와 불화하는 사람들은 자기 생각 및 감정과 싸우려고 한다. 특히, 불쾌한 감정에 대해서 그런 태도를 취한다. 이들은 수치심, 질투, 적개심 등은 물론, 불안, 짜증, 슬픔 등 살면서 겪을 수밖에 없는 감정들도 잘 받아들이지 못한다. 이들에게 불쾌한 감정은 통제하거나 제거해야 할 대상이다. 해가 된다고 느끼거나 위협적이라고 느끼기 때문이다.

그러나 가만히 생각해 보자. 감정 그 자체가 우리에게 해를 주는 것일까? 예를 들어, 당신이 중요한 시험을 앞두고 불안하다면 그것이 과연 해가 되는 것일까? 오히려 주어진 상황을 잘 준비하거나 대처할 수 있는 힘이 된다. 불안이나 긴장을 느끼지 않는다면 어떻게 되겠는가!

감정을 위험하게 느끼는 이유는 사실 감정 자체라기보다 이를 해석하고 반응하는 방식에서 기인한다. 우리는 자연스럽게 '부정적 감정'이라는 표현을 쓰지만 세상에 부정적 감정은 없다. 우리가 느끼는 슬픔, 분노, 배신감 등 모든 감정이 그 나름의 긍정적 의미가 있다.

물론 조절되지 않는 감정은 독이 될 수 있다. 그러나 그 조절되지 않는 감정조차도 이에 관심을 가지고 소통하려고 든다면 보다 쉽게 조절할 수 있다. 그렇기에 나는 감정조절의 어려움을 겪는 이들에게 감정을 감각으로 대할 것을 권한다.

당신이 받아들이지 않는 감각이 있을까? 예를 들면 우리는 온도에 대한 감각이 있다. 차갑고, 따뜻하고, 뜨거운 것을 느낀다. 그런데 우리는 이를 긍정적 감각, 부정적 감각이라고 굳이 구분하지 않는다. 감각이 주는 신호를 잘 활용할 따름이다. 물이 뜨거우면 온도를 낮추고, 너무 차가우면 온도를 높일 뿐이다. 그 모든 감각을 잘 느낄 수 있기에 우리는 자신을 보호하고 잘 살아갈 수 있다.

만약 당신이 감각을 자꾸 맞고 틀리고, 좋고 나쁜 것으로 구분하면 어떻게 될까? 예를 들어, '뜨겁게 느끼는 것은 잘못된 거야' '차가운 것은 나쁜 감각이야'라고 한다면 말이다. 감각체계가 온전하게 작동할 수 없을 것이다. 그런데 감각과 달리 우리는 감정에 대해서는 자꾸 맞고 틀리고, 좋고 나쁘고를 따진다. 그리고 그 감정들을 들여다보기보다 불쾌한 감정을 부정하고 외면하고 싸우고 없애려고 한다. 그것은 결국 감정체계의 혼란과 감정조절의 어려움으로 이어지게 마련이다.

떠오르는 감정과 생각을 가만히 바라보기

자기비난의 생각 또한 마찬가지이다. 많은 이들은 부정적인 생각을 통제하고 제거하려고만 한다. 그러나 이는 악순환을 초래한다. '자신을 비난하지 말자!'는 결심만으로 자신을 비난하지 않을 수 있다면 얼마나 좋겠는가! 그러나 자기 의도와는 정반대로 흘러간다. 자신을 비난하지 않겠다고 결심했지만 어떤 상황이 되면 자동적으로 자기비난의 생각이 떠오를 수밖에 없기 때문이다.

통제 일변도의 접근을 하는 이들에게는 자동적으로 떠오르는 자기비난 역시 용납될 수 없다. 그들에게 자동적으로 떠오르는 자기비난 역시 '실패'라고 인식된다. 그리고 자신에 대해 '나는 또 나를 비난했어' '나는 도저히 안 되나 봐' '나는 나를 사랑할 수 없나 봐'라는 식으로 더욱더 좌절하고 비난하게 된다.

이들은 자기비난의 동굴에 살아가다가 또 결심을 한다. 이번에는 또 다시 실패하지 않기 위해 '어떤 일이 있어도 나를 비난하지 않을 거야!' 하고 더 강한 다짐을 한다. 그렇다면 달라질까? 안타깝지만 그럴수록 더욱더 자기비난의 악순환은 반복된다.

당신이 아이를 키우는데 아이가 우는 게 너무 듣기 싫다고 해 보자. 그렇다면 아이를 안 울게 할 수 있을까? 그럴 수는 없다. 부모가 할 수 있는 것이라면 아이가 울면 왜 우는지 아이의 욕구와 불편을 잘 살펴주는 것이고, 아이를 토닥거리며 진정시켜주는 것이다.

당신이 느끼는 불쾌한 감정과 자기비난의 생각 역시 마찬가지이다. 이를 통제하려고 하면 할수록 오히려 더 날뛰게 된다. 우리에게 필요한 것은 통제가 아니라 관찰과 돌봄이다. 특히, 부정적인 감정과 생각은 습관적으로 떠오른다.

우리가 할 수 있는 것은 올라오는 그 감정과 생각을 관찰하고 다독이는 것뿐이다. 이렇게 이야기하면 어떤 이들은 그 통제하려는 마음을 내려놓겠다고 말한다. 하지만 '내려놓자!'는 것 역시 쉽지 않다. 내려놓는 것 또한 하나의 통제이기 때문이다. 무언가를 해야 한다는 것처럼 무언가를 하지 않아야 한다는 것 또한 통제이고 강박이 되기 쉽다.

그럼, 내 마음인데 내 마음을 어찌할 수 없다는 말인가! 그렇다. 그것이 마음의 속성이다. 통제와 집착에 대한 대안을 마음챙김 용어로는 '그대로 두기letting be'라고 한다. 마음챙김의 본질은 어떤 의도, 기대, 통제를 갖지 않고 그냥 그대로 두고 보는 것을 말한다. 우리는 마음을 원하는 대로 통제할 수는 없지만 주의를 기울이고 바라볼 수는 있다. 물론 통제가 습관이기에 처음부터 잘되는 것은 아니다.

마음을 바꾸려고 하지 않고 바라보면 어떤 일이 벌어질까? 투명한 컵에 흙이 담긴 물을 흔들면 물이 잔뜩 흐려진다. 어떻게 하면 물이 다시 맑아질까? 흐려진 물컵을 가만히 두고 바라보면 흙은 가라앉고 물은 다시 맑아진다.

마음도 그와 비슷하다. 불쾌한 생각과 감정이라고 하더라도 이를 자꾸 판단하고 쫓아내려고 하기보다 가만히 두고 바라보고 있으면 생각과 감정은 가라앉기 시작한다. 물론 어디로 사라진 것은 아니다. 하지만 보다 가지런하고 고요한 모습으로 거기에 존재한다. 우리가 할 수 있는 일은 그렇게 바라보는 것이다.

🐚 마음챙김의 시간

어떤 의도, 기대, 통제를 갖지 않고
몸과 마음속에 일어나는 일들을 그대로 두고 바라보기.

3. 산만함의 순간이
   마음챙김의 기회

실제로 물컵을 가만히 바라보는 것처럼 복잡한 마음이 가라앉을 때까지 가만히 지켜보는 것이 가능할까? 마음챙김의 공통적 요소는 '현재경험에 대한 온전한 집중' '비판단적 주의' '수용적 태도'를 꼽는다. 막상 해 보면 너무 어려운 일이다. 특히, 현재 경험에 대한 온전한 집중에서부터 막힌다.

예를 들어, 당신은 지금 앉아서 자기 호흡에 주의를 기울이려고 한다. 그러나 얼마 가지 않아 금방 호흡에 주의를 놓치고 다른 생각에 빠져버린다. 다시 호흡에 집중하자고 하지만 또 얼마 가지 않아 다른 생각에 빠진다.

앉아서 호흡에 집중하는 것은 답답하고 어렵기에 이번에는 걸으면서 발바닥과 땅의 접촉에 주의를 기울여본다고 하자. 다를까? 금방 발바닥에 주의를 기울이지 못하고 주변 풍경에 주의를 빼앗기거나 다른 생각에 빠진다. 다시 발바닥으로 의식을 돌려보지만 얼마 가지 않아 주의를 빼앗기고 만다.

이렇게 우리가 무언가에 집중하는 것은 생각처럼 쉽지 않다. 그럴 때 많은 이들은 '나는 이런 것도 참 못하는구나!'라고 자책하거나 이런 훈련에 맞지 않는다고 생각하기 쉽다. 그러나 산만함은 우리가 집중하고자 하는 것만큼이나 중요한 마음챙김의 기회이다. 이는 마음챙김의 근육을 단련할 수 있는 순간이라고 할 수 있다.

흔히 우리는 마음챙김을 생각을 안 하거나 생각을 비우는 것이라고 생각하기 쉽다. 하지만 그것은 가능하지 않다. 마음챙김은 마음이 일어나고 움직이는 그 모든 과정을 존중한다. 그렇기에 산만함 또한 존중하고, 관찰의 대상일 뿐이다. 산만함의 이유를 따지지 않고 그냥 자신이 선택한 호흡과 발바닥의 감각으로 다시 돌아오는 것이 마음챙김의 훈련이다. 또 산만해지면 또 알아차리고 다시 돌아오는 것뿐이다. 이는 마음챙김에만 해당되지 않는다. 모든 마음훈련에 적용된다.

예를 들어, 당신이 어떤 계획을 세우고 실천한다고 해 보자. 그렇다면 늘 계획대로 할 수 있을까? 장기적인 계획일수록 그럴 수 없다. 예를 들어, 당신이 감사일기를 날마다 쓰기로 했다면 이를 1년 동안 잘 지킬 수 있을까? 그럴 수 없다. 그런데 많은 이들은 이를 '실패'라고 판단하고, 자신을 '의지가 부족한 사람'이라고 규정짓고, 손을 놓아버린다. 그렇기에 우리의 의지력은 단련되기는커녕 점점 약해진다.

그러나 의지력 훈련에 있어서도 뜻대로 되지 않는 순간은 의지력을 길러내는 정말 중요한 기회이다. 의지력 훈련이란 계획대로 하는 것이 아니라 계획대로 되지 않을 때 이를 알아차리고 다시 행동으로 돌아오는 것이 핵심이기 때문이다. 즉, 꾸준히 실천하는 것을 목표로 하는 게 아니라 '재시도 능력'을 높이는 것에 목표를 둔다.

뜻대로 되지 않는 순간이 올 때

자기비난 또한 마찬가지이다. 우리가 연습할 것은 자기비난을 하지 않는 것이 아니다. 그것은 가능한 목표가 아니다. 자기비난은 자동적으로 올라오기 때문이다. 우리가 할 일은 자기비난의 마음을 알아차리고 자기친절의 마음으로 돌아오는 것이다.

우리는 뜻대로 되지 않는 순간을 환영해야 한다. 그 순간이 오면 "찬스!"라고 외쳐야 한다.

지금 1분 뒤에 알람을 맞추고 잠시 눈을 감고 호흡에 집중해 보자. 시작한 지 얼마 되지 않아 호흡이 아닌 다른 감각이나 생각에 사로잡힐 수 있다. 그때 "찬스!"라고 외쳐보라. 그리고 다시 호흡의 감각으로 돌아온다.

1분 동안 몇 번 외쳤는가? 이렇게 하는 동안 당신의 산만함에 대한 느낌에 차이가 있는가?

"나의 산만함을 통제하려고 하고 거부할 때보다 훨씬 편안해짐을 느낍니다. 산만함을 존중하는 시각은 나를 확장할 수 있는 깨달음으로 다가오네요."

"그동안 무언가에 집중하려고 할 때 자꾸 문 여는 소리, 컵 달그락거리는 소리, 쿵쿵거리는 소리 등으로 방해가 되어 예민했는데 다시 돌아오는 데 집중하니 외부의 소음들이 아득하게 멀어지네요. '찬스'의 힘이 생각보다 크네요."

"찬스! 이 말 참 좋습니다. 주의가 돌아오는 것에 초점을 맞추니 제 자신을 더 다독이고 긍정적으로 평가하게 되네요. 마음이 너그러워져요."

실제 마음 챙김 연습을 할 때 참가자들이 하는 이야기이다. 이렇게 산만함을 존중하게 되면 자책이 줄어들고 집중력이 조금씩 나아진다. 그것이 바로 받아들임의 힘이다.

우리는 주의가 흩어지는 것을 근본적으로 통제할 수 없지만 주의가 흩어지는 것을 알아차리고 다시 돌아오는 것은 가능하다. 뜻대로 하는 것은 정말 어려운 일이지만 뜻대로 되지 않았을 때 다시 시도하는 것은 덜 어렵다. 그러므로 그 산만함이야말로 마음의 힘을 키우는 마법의 순간이다.

🐌 마음챙김의 시간

산만하고 뜻대로 되지 않은 순간을 알아차리는 것.

거기서 다시 새로 시작하는 것.

그것이 마음의 힘을 키우는 효과적인 방법이다.

4.   마음이 흔들리면
       몸으로 지지하라

언제부터인지 명상과 마음챙김에 대한 관심이 폭발적으로 증가하고 있다. 다양한 분야에서 명상과 마음챙김과 관련된 이야기가 계속 쏟아져 나오고 있다. 그렇다 보니 그 한계와 부작용에 대한 이야기 역시 나올 수밖에 없다.

특히, 트라우마처럼 마음이 크게 동요될 때 명상과 마음챙김을 바로 적용하기는 어렵다. 자기조절의 창을 벗어나 감정이 요동치거나 의식이 멍해져버린 상태에서 거리를 두고 마음을 지켜본다는 것은 가능하지 않다. 오히려 증상이 악화되는 경우도 벌어진다.

실제 메사추세츠대학교 마음챙김센터의 웹페이지를 보면 다음과 같은 경우에는 마음챙김 프로그램을 추천하지 않는다. 약물이나 알코올중독에서 벗어난 지 1년 미만의 경우, 자살시도를 했거나 자살사고가 있는 경우, 최근 미해결된 트라우마를 가지고 있는 경우, 그리고 지금 삶의 큰 변화를 겪고 있는 경우를 꼽는다. 그만큼 마음챙김이란 어느 정도의 자기조절력을 갖춘 상태에서 수행해야 한다는 의미이다.

그렇다면 고통스러운 기억이 떠올라 감정적 동요가 심하고 각성조절이 잘 되지 않는 경우는 어떻게 하는 것이 좋을까? 안전한 공간임에도 자꾸 위험을 느끼고 긴장을 늦출 수 없다면 어떻게 하는 것이 좋을까?

이런 경우는 무엇보다 안정화가 우선이다. 심리 상담을 하든 마음챙김을 하든 일단 인내의 창window of tolerance이 충분히 확장되어야 한다. '인내의 창 안에 있다'는 의미는 감정이나 각성상태가 조절 가능한 상황을 말하며 감정의 뇌와 이성의 뇌가 연결된 상태를 말한다.

인내의 창 안에 있을 때는 자기 상처를 살펴보거나 언어화시킬 수 있다. 인내의 창을 벗어났을 때는 감정조절과 각성조절이 안 되어 너무 흥분되어 있거나 반대로 얼어붙어 버리기 쉽다. 이때는 감정의 뇌와 이성의 뇌가 끊어진 상태이다. 그렇기에 일단 안정화부터 시도해야 한다.

이러한 안정화를 위해서는 신체적 접근이 우선적으로 필요하다. 가장 기본적인 것은 움직임이다. 마음이 요동칠 때는 걷기와 운동처럼 몸을 활발히 움직이는 것만으로도 과도한 사고와 감정이 옅어진다. 그렇기에 할 수만 있다면 상담을 하더라도 실내상담보다는 걷기 상담이 좋다.

그라운딩하기

만약 활발히 움직일 수 없는 실내상황에서 트라우마의 기억에 압도되어 있거나 인내의 창을 벗어날 정도라면 어떻게 하는 것이 좋을까? 실제 마음이 불안정하고 과각성된 상태에서는 몸도 불안정해지고 붕 뜨게 된다. 안전한 공간임에도 몸과 세계와의 접촉과 지지가 잘 이루어지지 않는다. 다리와 발이 무감각해지고, 골반이 상체를 지지하거나 하체가 상체를 지지하는 느낌이 약해진다.

이때는 흔히 그라운딩grounding 기법을 사용한다. 그라운딩은 몸과 환경 사이의 접촉면에 주의를 기울임으로써 몸과 환경과의 연결을 알아차리고 보다 안정감을 경험하는 것을 말한다. 예를 들어, 서 있다면 발바닥과 땅의 접촉에 주의를 기울이고 보다 안정된 자세를 취함으로써, 땅의 지지를 경험하는 것이다.

이를 위해서 먼저 몸과 환경 사이의 접촉 감각에 주의를 기울이는 것이 필요하다. 흔히, 앉아 있을 때에는 엉덩이 양쪽 궁둥뼈와 의자의 접촉면에 주의를 기울이고, 서 있을 때는 발바닥과 땅바닥의 접촉면에 주의를 기울이는 것이 포인트이다. 곁들여서 두 손을 허벅지에 올렸다면 그 접촉면에 주의를 기울인다. 혹은 두 손을 책상에 두었거나 두 손이 서로 맞닿아 있다면 그 접촉면 또한 주의를 기울이는 포인트가 될 수 있다.

예를 들어, 의자에 앉아 있는 상태에서 그라운딩을 한다고 해 보자. 우선 양측 궁둥뼈와 의자의 접촉에 주의를 기울여본다. 좌우로 움직여보면 엉덩이에 딱딱한 궁둥뼈가 양쪽에서 느껴질 것이다. 이렇게 궁둥뼈를 찾아보고, 궁둥뼈의 바닥 전체가 의자와 닿아 있는지 아니면 일부가 닿아 있는지, 그리고 궁둥뼈를 중심으로 전후, 좌우의 균형이 어떤지 등 신체감각을 점검하고 알아차려 본다. 그리고 보다 안정된 자세를 위해 등받이에서 등을 떼고, 양손은 허벅지 위에 올리고, 시선은 정면을 보고, 어깨에 힘을 빼고, 양 발바닥과 땅과의 접촉면에 주의를 기울이고 최대한 안정된 자세를 취해본다.

자세가 안정이 되면 주위에 보이는 물건 두세 개를 이야기해본다. 이는 현재의 시공간을 잘 지각함으로써 안전감을 촉진하는 자극으로 환경을 활용하기 위함이다. 덧붙여 시공간을 구체적으로 이야기하는 것도 좋다. '나는 ○○○○년 ○월 ○일, 지금 ○○에 있어. 여기는 안전해!'

그다음 호흡에 주의를 기울인다. 흥분되고 동요된 상태에서 호흡의 위치는 자꾸 위로 올라간다. 호흡이 얕아지는 것이다. 호흡에 주의를 기울이는 것만으로도 호흡의 위치가 가슴에서 배로 내려가도록 돕는다. 물론 이 과정에서 주의가 다른 곳으로 흩어지기 쉽다. 그렇다면 흩어졌다는 것을 알아차리고 다시 의자와 엉덩이의 접촉면 그리고 호흡에 주의를 기울인다. 그렇게 2~3분 동안 머무른다.

그라운딩 연습을 하고 나면 심신체계에 어떤 변화가 있는지 살펴보자. 몸이 더 이완되었는가 아니면 더 동요되었는가? 심장의 박동이나 호흡이 더 안정되었는가 아니면 더 항진되었는가? 흥분이나 초조감이 가라앉았는가 아니면 그대로인가? 정신적으로 더 산만한가 아니면 좀 더 집중하게 되었는가?

만약 아무 변화가 없거나 오히려 악화되었다고 느낀다면 추가적으로 이렇게 해 보자. 가장 긴장되거나 흥분된 몸의 부위를 찾아 한 손을 갖다 댄다. 예를 들어, 심장이 빨리 뛰거나 호흡이 거칠어진다면 가슴에 한 손을 얹고 그 부위를 토닥여본다. 그리고 자기 몸과 마음이 보다 안정되기를 바라는 마음을 담아 이렇게 이야기해본다.

'내 몸이 편안하기를'
'내 몸이 안정되기를'
'내 몸이 바닥으로부터 잘 지지받기를'

그라운딩은 환경과 몸의 접촉에 주의를 기울임으로써 몸을 통한 지지감을 얻는 것이다. 이 과정을 통해 자연스럽게 스스로 감정과 각성 상태를 조절할 수 있다는 주체성과 안정감을 얻게 된다.

마음이 힘들 때 몸이 지지해 주고, 몸이 힘들 때 마음이 지지해 준다면 너무 좋지 않을까?

5. 현재의 경험에 머무르기

    당신이 집을 나선다. 흐린 하늘에서 눈이 쏟아진다. 금방 세상이 눈으로 덮인다. 뇌과학적으로 보면 이 순간 두 가지 경험이 존재한다. 어떤 사람은 뽀드득 눈 밟는 소리와 함께 가슴이 들뜰 수 있고, 또 어떤 사람은 차가 막히고 출근이 늦어져서 벌어질 온갖 상상을 하며 걸을 수 있다.

    《사회인지 및 감정 신경과학Social Cognitive and Affective Neuroscience》에 실린 토론토대학교 심리학과 노먼 파브Norman Farb 교수의 연구에 따르면 첫 번째 경험은 현재 순간에 초점을 둔 방식으로 간단히 '경험방식experiential focus, EF'이라고 이야기한다. 감각을 중심으로 현재의 경험에 집중되어 있는 상태이다. 두 번째 경험은 시간을 거슬러 경험을 연결하는 방식으로 간단히 '이야기방식narrative focus, NF'이라고 명명한다. 이는 경험에 대한 생각을 통해 이야기를 만들어내는 상태이다.

우리가 이야기방식으로 경험을 할 때에는 뇌의 '디폴트 모드 네트워크 Default Mode Network'가 활성화된다. 이 신경망은 내측 전전두엽을 중심으로 구성되어 있으며, 간단히 '이야기회로 narrative circuit'라고 할 수 있다. 이 부위는 멍때림뿐 아니라 '자기 관련 사고 self-related thinking'와 연관되어 있다. 만약 이 회로가 활성화되면 '하얀 눈'은 '하얀 눈'으로 경험되는 것이 아니라 지난번의 '낙상'과 연결되거나 '늦은 출근으로 인한 걱정'으로 이어지기 쉽다.

그에 비해 경험방식은 뇌의 섬엽, 외측전전두엽, 이차성체성감각피질 같은 두뇌 측면부위가 더욱 활성화된다. 이 부위는 간단히 말해 '경험회로 experiential circuit'라고 할 수 있다. 특히, 섬엽은 신체감각을 감지하는 기관으로 이 네트워크가 활성화되면, 당신은 과거나 미래 혹은 다른 사람이나 자신에 대해 별로 생각하지 않게 되고 현재 감각으로 들어오는 외부의 정보에 주의를 기울이게 된다. 눈 오는 날이라고 한다면 그 풍경과 소리와 촉각에 주의를 기울이는 것이다.

마음이 과거와 미래에 가 있다면

정신과를 찾는 이들은 마음이 현재에 머무르지 않는다. 과거의 상처에 매여 있거나 미래의 일에 대한 걱정으로 가득 차 있다. 이들은 한마디로 이야기회로가 과활성화되어 있고 경험회로가 저활성화되어 있다.

앞에서 이야기한 기준 씨처럼 자기몰두 상태에 빠져 있다. 자기에 대한 생각이 너무 많은 것이다. 이들은 회상하고 후회하고 걱정하고 비판하고 계획하고 다짐하는 등 쉴 새 없이 자기와 관련된 생각을 한다. 문제는 이 지나친 이야기회로를 끌 줄 모르고, 그 모든 이야기에 사로잡혀 버린다.

쉽게 말해 생각이 많고 감각이 떨어져 있다. 그렇기에 경험 중에 너무나 쉽게 과거나 미래로 끌려가고, 다른 사람이나 자신과 관련된 온갖 이야기를 만들어내느라 지금의 경험에 집중하기 어렵다.

이들은 끊임없이 이야기를 만들어낸다. 생각이 꼬리에 꼬리를 물고 이어지고 어떤 걱정에 사로잡혀 계속 벗어나지 못한다. 즉, 반추를 많이 한다. 그렇기에 아무리 좋은 경험을 하더라도 마음이 여기에 머무르지 못하고 과거나 미래로 흩어지기 쉽다. 꽃구경을 가더라도 그냥 집에 있었으면 덜 피곤했을 것이라 생각하고, 뭔가 빠뜨린 일은 없는지 점검하느라 정작 풍경을 즐기지도 못한다.

그러나 경험회로가 활성화된 사람은 다르다. 이들은 생각이 아닌 감각이 활성화되기 때문에 부정적인 반추에 잘 빠지지 않는다. 꽃의 향기, 새의 소리, 형형색색의 꽃들에 빠져 상대적으로 지금의 경험에 머무를 수 있다.

이야기회로와 경험회로를 전환하는 스위치

다행히 우리는 이 두뇌의 방식을 전환할 수 있다. 그것이 바로 마음챙김 훈련이다. 그러나 마음챙김은 그 주의를 기울여야 할 초점이 여러 개다 보니 초심자에게는 어려울 수 있다. 초심자의 경우 생각, 감정, 감각 등 여러 가지를 알아차리기보다 신체감각에 초점을 맞추게 되면 보다 훈련이 쉬울 수 있다. 그것을 몸챙김 즉, '바디풀니스bodyfulness'라고 한다.

몸챙김은 이야기회로를 끄고 경험회로를 켜는 스위치이다. 생각이 줄어들고 감각이 확대된다. 생각과 감정은 우리의 마음을 과거나 미래로 끌고 가기 쉽지만 감각은 지금 여기로 돌아오게 한다. 특히, 생각이 복잡하고 감정이 요동을 칠 때 몸의 감각으로 돌아오는 것은 반추에서 벗어나고 감정을 조절하는 데 효과적인 방법이 될 수 있다.

그런 의미에서 치유는 쌍방향으로 이루어지는 것이 좋다. 언어와 인지 기반의 하향식 방법과 감각과 움직임 기반의 상향식 방법이 통합될 필요가 있다. 이를 위해 나는 실내에서뿐 아니라 자연 속에서 걷기 상담을 한다. 특히, 이야기회로가 너무 활성화되어 부정적 반추에서 벗어나지 못하는 이들에게는 더욱 효과적이다.

자기에게 몰두되어 있는 기준 씨와는 걷기 상담을 했다. 그는 자연 속에서 걷기 상담을 통해 나타난 자신의 변화에 대해 이렇게 이야기했다. 이야기회로와 경험회로의 균형을 맞춰간 것이다.

"상담 과정 속에서 길을 걷다 보면 평소에는 느낄 수 없는 다양한 감각을 느낄 수 있었다. 예를 들면, '흙을 밟는 것이 이러한 느낌이구나!'를 알아차리며 신기하고 기분이 좋아지는 느낌이 들었다. 감각은 하고 있었지만 인식하지 못했던 것들이 느껴진다. 이렇게 감각이 살아나면 생각이 가벼워지고 심리적 안정감을 느끼게 된다.

이제 고민이 있으면 방 안이나 침대 위가 아닌 집 밖으로 나간다. 길 위에 서면 복잡한 고민들의 가지치기가 일어난다. 고민을 생각이 아닌 내가 느끼는 감정과 감각을 중심으로 풀어나간다. 그 과정에서 내가 결정해야 하는 것이 단순 명료해지고, 큰 고민으로 다가왔던 것들이 알고 보면 그저 사소한 부분이었다는 것을 알게 된다."

생각이 많아지면 몸에 집중해 보자. 감정이 요동치면 감각에 집중해 보자. 이야기에서 빠져나와 경험에 머물러보자. 몸에 주의를 기울이면 머리는 가벼워지고 삶은 깊어진다.

🐚 마음챙김의 시간

마음을 모르겠을 땐 몸에 집중해 보자.

몸의 변화를 좇다 보면 저절로 마음이 찾아질 수 있다.

6. 내 마음에 괄호넣기

앞에서 상처받은 마음과 건강한 마음의 작동방식은 여러 가지 면에서 다르다는 것을 이야기했다. 그중 하나로 심리적 융합을 꼽았다. 상처받은 마음은 자동적으로 떠오르는 느낌과 생각을 사실이라고 받아들인다. 비판적 사고나 거리두기와 같은 의식적 반응이 잘 이루어지지 않기 때문이다.

예를 들어, 상대가 나를 기분 나쁘게 쳐다봤다고 느낀다면 상대는 나를 기분 나쁘게 쳐다본 것이 된다. 나 자신이 쓸모없다는 생각이 든다면 나는 쓸모없는 사람이 되어버린다. 이걸 하지 않으면 큰일 난다고 느낀다면 정말 큰일이 날 거라고 믿는다. 이러한 심리적 융합에는 크게 다섯 가지가 있다.

첫째는 평가(판단)와의 융합이다. 좋고 나쁘고, 맞고 틀리고의 자동적인 평가를 사실로 받아들인다. '저 사람은 나쁜 사람인 것 같아'라고 판단된다면 상대는 나쁜 사람이 되고, '나는 쓸모없는 것 같아'라는 생각이 올라오면 실제 '나는 쓸모없는 사람'이 되고 만다.

두 번째는 감정과의 융합이다. 감정과 과잉 동일시되어 내가 감정을 느끼는 것이 아닌 내가 곧 감정인 것처럼 받아들인다. '나는 지금 우울해'가 아니라 '나는 우울한 사람'이 되어버린다.

세 번째는 상상과의 융합이다. 안팎의 자극으로 떠오르는 미래에 대한 온갖 부정적 상상을 곧 사실이라고 받아들인다. 수입이 감소해서 '이제 곧 길거리에 나앉을 거야'라는 파국적인 생각이 떠올랐다면 그것을 바로 사실화하여 공포에 파묻힌다.

네 번째는 인과관계의 융합이다. 어떤 일에 따른 원인을 찾고 그 원인 때문에 이러한 결과가 나왔다고 사실화시켜 버린다. 여러 가지 원인 중에 하나이거나 우연적인 원인이 아니라 이렇게 될 수밖에 없는 필연적인 원인이 되고 만다. 아이가 비행을 저지른 원인이 친구 때문이라고 느낀다면 다른 요인들은 사라지고 그 친구 탓만 하게 된다. 내 아이는 끝까지 그럴 아이가 아닌 것이 된다.

다섯 번째는 경험과의 융합이다. 과거의 경험에 지나치게 융합되어 변화된 상황을 받아들이지 못하고 지금도 비슷한 결과가 나올 것이라고 믿는다. 이는 긍정적 경험이나 부정적 경험 모두에 해당된다. 한 번의 성공으로 '나는 유능한 사업가야' 하고 과욕을 부리거나, 반대로 한 번의 실패로 '나는 무능한 사업가'라고 믿고 도전을 꺼리는 것을 말한다.

지금 나는 무엇을 하고 있나

우리는 현재를 잘 지각해야 한다. 그것이 마음의 주기능이다. 과거의 경험 역시 현재를 잘 지각하기 위한 방편이 되어야 한다.

그러나 심리적 융합은 하나같이 현재의 경험을 왜곡시킨다. 현재의 경험에 대한 접촉력이 감소되고, 자동적으로 떠오르는 생각이나 느낌에 끌려가게 된다. 특히, 과거의 경험으로 인해 마음의 틀이 견고하게 만들어진 이들은 더욱더 그에 갇히게 된다. 마음의 작동방식을 살펴보지 못하고 마음의 내용을 의심 없이 사실로 받아들이고 마는 것이다.

이를 위해 필요한 것은 심리적 탈융합mind defusion이다. 마음의 내용에 갇히는 것이 아니라 마음의 작동방식에 주의를 기울이는 것이다. 거리를 두고 생각을 생각으로, 감정을 감정으로, 기억을 기억으로, 상상을 상상으로 바라보는 것이다.

심리적 탈융합을 위한 좋은 방법이 바로 마음챙김이다. 마음챙김은 '지금의 경험에 대한 집중'의 의미와 함께 '자신이 무엇을 경험하고 있는지를 알아차리는 것'을 포함한다.

그렇기에 마음챙김은 그냥 주의가 아니라 '메타주의meta-attention'라고 한다. 즉, 경험의 안과 밖을 오갈 수 있는 상태가 마음챙김이다. 명상 지도자 가이 암스트롱Guy Armstrong은 이를 '경험하는 동안 경험하고 있는 것을 아는 것'이라고 표현했다. 음식의 맛을 느끼며 먹는 것과 함께 맛을 느끼며 먹고 있음을 알아차리는 상태가 바로 마음챙김이다. 마음챙김 상태는 그 경험에 머무르지만 그 경험에 함몰되지 않는다.

생각과 감정에 대해서도 마찬가지이다. 이를 경험하면서 동시에 거리를 두고 살필 수 있다. 이는 자각몽과도 비슷하다. 꿈인 줄 모를 때는 꿈의 내용이 현실처럼 느껴져서 고통스러울 수 있지만, 자각몽 상태에서는 스스로 '이건 꿈이야!'라고 이야기하며 진정시킬 수 있다.

생각이나 판단 멈춤

그렇다면 탈융합은 어떻게 하는 것일까? 간단한 방법을 소개하면 마음에 괄호를 사용하는 것이다. 흔히 괄호는 수학 기호나 문장부호로 쓰이지만 철학에서도 쓰인다. 고대 그리스의 회의론자들이 쓰는 용어로 '에포케epoche'라는 말이 있다. '멈춤' 혹은 '판단 중지'라는 뜻이다.

회의론자들은 사람마다 생각, 입장, 조건 등이 다르기 때문에 절대적 진리는 물론 확고한 지식 또한 부정한다. 그리고 주관적 판단을 경계하기 위해 에포케를 강조했다. 판단을 중지하라는 의미이다.

에포케는 독일어로 '괄호넣기 혹은 괄호치기einklammerung'로 번역된다. 즉, 판단에 해당되는 마음의 영역을 우선 괄호 안에 묶어두는 것을 말한다. 그리고 주관과 선입견에서 벗어나 이를 살펴보는 것이다. 바로 사실화시키지 않고 생각을 생각으로 기억을 기억으로 상상을 상상으로 그냥 하나의 마음현상으로 바라보는 것이다.

마음챙김도 비슷하다. 마음을 바로 사실화시키지 않고 괄호를 침으로써 마음을 살펴볼 수 있는 거리를 확보하는 것이다. 이제 자동적으로 떠오르는 생각이나 판단에 대해 괄호를 넣어보자.

[저 사람이 나를 기분 나쁘게 쳐다본다는 판단] [지금 이것을 하지 않으면 안 된다는 생각] [난 쓸모없는 사람이라는 판단] [지난번에 안 됐으니 이번에도 안 될 거라는 생각] 이렇게 자기 마음에 괄호를 만드는 것이다.

실제 종이에 괄호를 사용하여 적어보면 좋다. 그리고 몇 번 읽어본다. 그리고 관찰해 본다. 자동적으로 떠올랐던 그 생각과 판단이 어떻게 느껴지는가?

☜☞ 마음챙김의 시간

어떤 자극이 그대로 받아들여지지 않고

이미 내 안에 있던 다른 것들과 뒤섞인다면

그 생각과 판단에 괄호를 넣어보자.

7.   마음의 고통을
관찰하기

마음이 고통스러운 이유는 나와 상대와 세상이 '있는 그대로'가 아니라 '내 기대대로' 존재하기를 바라는 데 있다. 마음의 고통에서 벗어나기 어려운 것도 마찬가지이다. 생각과 감정을 통제할 수 없음에도 우리는 고통스러운 생각과 감정이 사라지기를 바라기 때문이다. 마음이 내 기대대로 존재하기를 바라는 것은 추가적인 고통을 부를 뿐이다.

그렇다면 우리 기대대로 존재하는 세상이 있을까? 있을 리 없다. 내 기대대로 되지 않을 때 어떻게 하면 좋을까? 일단 좋은 쪽으로 생각해 보거나 주의를 다른 곳에 돌리는 것을 생각해 볼 수 있다. 그러나 이 역시 쉽지 않다.

그다음으로 생각해 볼 수 있는 방법이 바로 비판단적인 수용과 관찰이다. 피하지 않고 받아들이되 거리를 두고 바라보는 것을 말한다.

마음챙김과 몸챙김은 그 대표적 방법이다.

물론 감정이 요동칠 때 이를 바로 관찰하는 것은 쉽지 않다. 그렇기에 먼저 호흡과 신체의 감각을 관찰하는 것이 좋다. 감각을 관찰하는 것만으로도 다소 진정될 수 있다. 진정이 되면 더 깊은 관찰이 가능해진다. 관찰은 표면만이 아니라 그것이 어디에서 파생하는지 그 안을 들여다볼 수 있다. 더 나아가 주의를 기울이고 관찰하고 있는 자신을 관찰할 수 있게 된다.

이렇게 관찰의 힘이 커지면 일상에서 나를 관찰할 수 있다. 자기 틀로 바라보는 것이 아니라 자기 틀로 바라보고 있음을 아는 것이다. 그렇기에 관찰의 힘이 길러지면 보이는 대로 보는 것이 아니라 있는 그대로 보는 것에 가까워진다. 덜 흔들리고 평정을 유지할 수 있다.

인간관계도 마찬가지이다. 마음을 관찰하는 마음이 길러지면 우리는 상대를 바꾸려고 하지 않고 상대의 마음에 호기심을 가지고 접근할 수 있다.

자기와의 관계도 마찬가지이다. 마음을 관찰하는 마음이 길러지면 우리는 자기를 비난하는 목소리나 생각을 쫓아내려고 흔드는 것이 아니라 그 소리와 생각이 지나갈 때까지 지켜볼 수 있다. 꼭 순서대로 이루어지는 것은 아니지만 그 과정을 정리해 보자.

마음의 고통이 일어나면 다음과 같이 해 보자.

• 1단계: 자기의 심리적 고통이 몸의 어디에서 느껴지는지를 찾아본다.

심리적 고통에 대해 신체적으로 접근하여 그 생리 감각적 변화를 살펴보는 것은 현재의 경험에 대한 집중, 비판단적 주의, 수용적 태도

등 마음챙김의 핵심요소를 실제적으로 구현할 수 있는 방법이다. 그리고 그 자체로 감각의 뇌를 활성화시켜 감정과 사고의 뇌를 완화하여 각성과 고통을 가라앉힌다. 실제 신체 감각적 변화를 언어로 표현해 주면 좋다. 불안이라고 한다면 신체 감각적 변화를 찾아서 '지금 심장이 두근거리고, 가슴이 조여오고, 손에 땀이 난다'라는 식으로 구체적으로 묘사해 본다.

- 2단계: 자신의 심리적 고통에 대해 자기연민의 마음을 갖는다.

특히, 심리적 고통이 잘 느껴지는 신체 부위에 손을 대고 토닥거리며 그 고통 속에 있는 자신을 소중히 여길 수 있게 되기를 소망한다. '내가 고통에서 벗어날 수 있기를' '고통 속에 있는 나를 소중하게 여길 수 있기를' '내가 고통 속에 있을 때조차 나에게 친절할 수 있기를'이라고 이야기해본다.

- 3단계: 조금씩 안정이 되어간다면 고통스러운 생각과 감정에 거리를 두고 관찰하기 시작한다.

여기서 필요한 것은 '한 발 뒤로 물러나기'이다. 마치 카메라의 렌즈를 줌아웃하는 것처럼 마음의 렌즈를 줌아웃하는 것이다. 이 과정을 촉진하기 위해 '~구나'라고 이야기하거나, 앞에서 이야기한 것처럼 '괄호넣기'를 한다. '내가 이런 생각을 하고 있구나' '내가 이렇게 느끼고 있구나'라고 자기 생각과 느낌에 대해 '~구나'를 넣어 이야기해보거나 [~라는 생각] [~라는 느낌]처럼 자기 생각과 느낌에 괄호를 넣는다. 이렇게 한 발 뒤로 물러난 다음 그 생각과 느낌을 관찰해 본다.

- 4단계: 외적 현실에 주의를 기울임으로써 외적 현실과 내적 경험에 어떤 차이가 있는지를 살펴본다.

사실이 무엇인지를 파악하는 것이다. 만약 내적 경험이 '사람들이 다 나를 따돌리고 있다'고 느끼고 두려워하고 있다면 정말 외적 현실이 그런지 어디까지가 사실인지 구체적으로 살펴보는 것을 말한다.

- 5단계: 심리적 고통을 느낄 때 이 상황에서 할 수 있는 일과 할 수 없는 일을 구분하고 할 수 있는 것에 집중한다.

자연스럽게 고통에 대한 자기돌봄은 실천으로 이어진다. 나의 고통을 완화하기 위해 자기가 할 수 있는 일을 찾는 것이다. 그리고 자기의 대처가 실제 과각성과 심리적 통증을 완화시켜주고 안정으로 이끄는지를 알아차리는 것이 필요하다. 어떤 대처는 일시적인 위안을 줄 뿐 고통을 더욱 심화시키거나 영구화하기 때문이다.

🌀 마음챙김의 시간

먼저 마음의 고통이 몸 어디에서 느껴지는지 찾아보고,

그 고통에 대해 자기연민의 마음을 갖는다.

그 고통을 거리를 두고 관찰한다.

8. 내 안의
   밝음을 키우자

큰 유리컵에 맑은 물을 채워 넣는다. 그 안에 검은색 잉크를 몇 방울 떨어뜨려보자. 잉크는 맑은 물속으로 삽시간에 퍼지며 물은 흐려진다. 더 넣으면 더욱 흐려질 것이다. 그런데 이 물을 다시 맑게 하려면 어떻게 해야 할까? 잉크만을 다시 빼낼 수 있을까? 불가능하다.

마음챙김의 방법은 앞에서 이야기한 것처럼 '그대로 두기'이다. 관찰을 하는 것만으로도 시간이 지나면서 차츰 맑아질 수 있다. 그렇다고 그 방법만 있는 것은 아니다. 맑은 물을 더 넣는 것도 또다른 방법이다. 맑은 물을 부으면 부을수록 물은 다시 맑아진다.

우리의 마음도 이와 비슷하다. 마음에도 빛과 어둠이 있다. 마음의 어둠이란 나를 싫어하는 느낌일 수도 있고, 분노나 우울과 같은 힘든 감정일 수도 있고, 끊임없이 떠오르는 걱정일 수도 있고, 잘 고칠 수 없는 단점이나 콤플렉스일 수도 있다.

그런데 이 어둠이 스며들면 마음은 금방 어두워진다. 자기 안에 빛과 어둠이 있다고 느끼는 것이 아니라 원래 어둡다고 느껴지기 쉽다. 자기 마음이 빛과 어둠의 다양한 스펙트럼으로 이루어져 있고 시간의 흐름에 따라 변화되고 있음을 망각한다. 좋은 모습과 안 좋은 모습을 있는 그대로 보는 것이 아니라 안 좋은 모습만 자기라고 규정짓는다.

특히, 상처가 깊은 사람들일수록 전체성을 잃어버리고 자기를 어둠으로만 이루어져 있는 단일체로 보는 것이다. 이것은 자기에게뿐만 아니라 다른 사람을 바라볼 때도 그렇다. 상대에게 크게 실망하면 그 사람과 좋았던 기억은 다 사라지고 그 사람이 나를 실망시킨 그 사실만 전부가 된다. 나를 실망시킨 모습만이 그 사람의 전부인 것처럼 느껴진다.

그러나 실재하는 나와 상대 그리고 세상은 복합적이다. 당신이 지금 앉아 있는 나무 책상의 색깔만 하더라도 그렇다. 당신은 그냥 책상이 나무색이라고 생각해 왔지만 잠시만 주의를 기울여도 얼마나 다양한 채도와 음영이 그 책상에 배어 있는지 알 수 있다.

나는 무엇을 할 때 행복한가

어둠이 당신 마음의 전부는 아니다. 그 어둠도 시간에 따라 음영이 계속 달라진다. 너무 어둠을 없애려 애를 쓰지 않아도 된다. 맑은 물을 부으면 물이 점점 맑아지는 것처럼 밝음이 커지면 어둠은 옅어진다. 자기 마음을 잘 돌본다는 것은 마음의 고통을 잘 받아들이고 조절하는 것도 필요하지만 더 나아가 자기의 밝음을 키우는 것이 필요하다.

어떤 부모들은 자기 역할을 자녀들의 잘못을 찾고 이를 바로잡아주는 것이 중요하다고 생각한다. 반면 어떤 부모들은 자녀의 좋은 점을 찾아 이를 길러주는 것이 중요하다고 생각한다. 물론 둘 다 필요하다. 그러나 어디에 초점을 더 두느냐에 따라 아이와의 관계 및 아이의 성장은 다를 수밖에 없다.

자기와의 관계도 마찬가지이다. 우리는 어둠을 걷어내려고 애쓰기보다 자기 안의 밝음을 드러내고 키울 필요가 있다. 『채근담』에 '명이점통明而漸通'이라는 말이 있다. '밝음으로써 점점 통하게 하라'는 뜻으로 어둠을 내쫓기보다 밝음을 키우라는 의미이다. 무릇 자신을 돌보는 사람은 막힌 곳을 억지로 열어젖히려고 할 게 아니라 열린 곳에서부터 시작해서 점점 넓혀나가는 것이 필요하다.

안타깝게도 많은 사람들은 그렇게 하지 않는다. 자꾸 자기의 부족한 부분을 채우려고 하고, 모르는 것을 더 알려고 하고, 안 좋은 것을 고치려고 한다. 물론 치명적인 결함이나 문제라면 이를 보완할 노력이 필요하다. 그러나 약점을 고치는 것은 쉽지 않고 더 나아가 약점을 강점으로 바꾸는 것은 더더욱 어려운 일이다.

우리 마음은 진화의 역사 속에서 기회보다는 위험에, 장점보다는 단점에 우선적으로 초점을 맞추도록 되어 있다. 부정성 편향을 가지고 있는 것이다. 그렇기에 자기비난의 성향 역시 그러한 부정성 편향으로부터 기인한 부분이 있다. 생존의 위협이 많았던 오래전의 인류에게는 그러한 성향이 유리했기 때문이다.

그러나 생존의 위협이 사라졌다면 보다 다른 측면을 살펴보아야 한다. 물론 과거 생존적 위협을 느꼈던 트라우마가 여전히 발목을 잡고 있을 수 있다. 하지만 자기의 밝음에 주목해 보자. 불행을 붙잡고 싸우기보다 자기의 행복을 찾아보자. 의식의 초점을 '나는 왜 이렇게 불행할까?'가 아니라 '나는 무엇을 할 때 행복한가?'로 돌려보자.

자기 단점에만 연연하기보다 자기 장점에도 주목해 보자. 자기 취향을 살펴보고 자기에게 기쁨을 주는 경험을 찾고, 자기의 좋은 점을 찾아내고 길러보자. 자기 안의 여러 가지 면들을 살펴보고 그들에게도 관심을 나눠보자.

우리 안의 밝음을 길러내는 것! 그것이야말로 어떤 모습을 가지고 태어났든 자기에게 친절한 사람들의 인생 태도이다.

🐚 마음챙김의 시간

자기장점, 좋아하는 취향, 기쁨을 주는 경험들을 찾아보자.

그렇게 내 안의 밝음을 더 많이 길러내보자.

나에게
위로와 격려를 건네자

· · · · ·

　자기와의 대화는 자기와의 관계를 반영한다. 자기불화를 겪는 사람들의 내면에는 대화다운 대화가 존재하지 않는다. 일방적인 명령과 비난만 무성하다. 예를 들어, 약속 시간을 잊어버린 것과 같은 실수를 똑같이 했더라도 다른 사람에게는 '그럴 수 있어!'라고 이해해 주지만 자신에게는 '어떻게 그럴 수 있어!'라고 혼을 낸다.

　문제는 그렇게 같은 사안에 대해 다른 잣대를 사용하고 다른 표현을 쓰더라도 그에 대해 아무런 의문도 갖지 못한다는 것이다. 익숙해져 있기 때문이다.

　우리는 자신에게 건네는 말에 주의를 기울여야 하고 의문을 표시하고 다른 표현을 강구해야 한다. 따뜻한 주의를 기울이는 것만으로도 대화다운 대화가 일어나기 시작한다. 질문과 대답이 이어지고 여러 자아 간의 대화가 나타나고 자신에게 안부를 묻고 위로를 건네는 말이 오갈 수 있다. 그것이 바로 자기친절이다.

1. 거울 속에 내가 어떻게 느껴지는가?

누군가 당신을 싫어하는지 좋아하는지 어떻게 알 수 있을까? 간단하다. 상대가 당신을 대하는 눈빛, 표정 그리고 말투를 보면 느낄 수 있다. 만약 어떤 사람이 당신을 보자마자 바로 고개를 돌리거나, 못마땅한 눈빛으로 쳐다보거나, 안부를 묻는데 쌀쌀맞은 말투로 이야기한다면 어떨 것 같은가? 더 나아가 당신이 어떤 일로 힘들어하고 있는데 옆에서 "그럴 줄 알았어. 꼴좋다!"라고 이야기하면 어떨까? 당신을 좋아하는 사람일 리가 없다.

당신을 좋아하는 사람이라면 기본적으로 따뜻한 눈빛과 말투로 대할 것이며 당신이 힘들어 할 때에는 공감과 위로를 보낼 것이다. 이때 중요한 것은 말의 내용이 아니라 말투이다. 아무리 좋은 이야기라도 말투에 성가심과 무성의함이 배어 있다면 상대가 나를 위한다고 느껴지지 않는다.

　그렇다면 한 사람이 자기 자신을 싫어하는지 좋아하는지는 어떻게 알 수 있을까? 똑같다. 자신을 향하는 눈빛과 말투 그리고 힘든 일을 겪었을 때 어떻게 대하느냐를 보면 알 수 있다.

　"당신은 자신을 어떻게 대하세요?"

　실제 상담실에서 많이 묻는 질문이다. 많은 분들은 이 질문을 낯설게 느낀다. 다른 사람들의 눈빛, 표정, 말투는 아주 민감하게 반응하면서도 정작 자신을 향한 태도는 무신경한 경우가 많다. 자기비난을 많이 한다는 문제로 상담을 오는 경우도 예외는 아니다.

　"주로 언제 어떤 말로 자신을 비난하나요?"

　자기비난을 많이 한다는 것은 알지만 어떤 상황에서 자기비난을 하는지, 어떤 내용으로 자기비난을 하는지, 그 비난에 어떻게 반응하는지 등에 대해 잘 이야기하지 못한다. 자기비난의 목소리가 끊이지 않아서인 경우도 있지만 사실은 제대로 주의를 기울이지 않기 때문이다. 그러나 인식을 못한다고 하더라도 우리는 자기를 대하는 일정한 태도, 말투, 그리고 비난의 소리를 알 수 있다.

　우선 가만히 거울 속 자신을 바라보자. 어떤 눈빛과 표정, 자신에 대한 생각이 떠오르는가? 자기를 싫어하는 사람일수록 거울을 보면 눈길부터 잘 마주치지 않는다. 이들은 평소에도 외모만 확인하는 용도로만 거울을 본다. 한 번도 거울 속 자신에게 미소를 보내지 않는다. "잘 지내나?" "괜찮나?" "지쳐 보이네" 같은 인사말을 건네지 않는다. 따뜻한 말은커녕 거친 말이 먼저 튀어나온다.

자기친절의 핵심, 자기와의 대화

자기돌봄 워크숍을 할 때 '나와 마주하기' 시간을 갖는다. 거울 속에 비친 자기 자신과 2분가량 대면하는 시간이다. 말 그대로 그냥 바라보는 것이다. 많은 이들이 이 시간을 어려워한다.

다른 사람들 눈을 쳐다본다면 그럴 수도 있지만 왜 자기 눈을 쳐다보는 것이 어려울까? 일차적으로는 어색한 느낌 때문이지만 그뿐만은 아니다. 이내 자신을 바라보는 시선에서 차가움, 멸시, 냉대, 경멸을 느끼는 경우도 꽤 많다.

2분이라는 시간은 참 길다. 그런 불편함이 지나고 나면 또 경험하지 못했던 여러 감정이 올라온다. 자신에 대한 연민과 미안함을 느끼는 경우도 많다. 그동안 힘든 삶을 헤쳐 온 자신이 안타깝게 느껴지기도 하고, 그런 자신에게 힘이 되어주기는커녕 함부로 대해왔다는 마음에서 미안함을 느껴 하염없이 눈물을 흘리기도 한다. 어떤 경우는 환한 미소를 짓기도 한다. 그리고 마지막으로 자신에게 하고 싶은 이야기를 해보라고 한다. 당신은 어떤 이야기를 해주고 싶은가?

삶은 뜻대로 되는 일보다는 뜻대로 되지 않는 일이 많다. 불행은 예고 없이 찾아온다. 삶의 고통과 불행을 피할 수 없다면 우리는 스스로를 돌볼 수 있어야 한다. 어려운 일이지만 평소 자신에게 친절한 사람이라면 힘든 상황에서도 종종 자기를 위로할 수 있다.

우리가 자신에게 친절해야 하는 것은 어떤 이유가 있어서가 아니다. 사람에 대한 친절이 이웃에 대한 기본적인 예의인 것처럼, 자기친절 또한 힘든 삶을 살아가는 자신에 대한 기본적인 예의이다. 자기에게 먼저 친절한 사람이 다른 사람에게도 친절할 수 있다.

이러한 자기친절의 핵심은 자기대화에 있다. 우리는 다른 사람과의 대화에 많이 신경을 쓴다. 늘 그런 것은 아니라고 하더라도 자기가 한 말이 상대에게 어떻게 느껴질지 주의를 기울인다. 때로는 마음에도 없지만 상대가 듣고 싶어 하는 말을 일부러 해주기도 한다. 타인과 소통을 좀더 잘하기 위해 대화와 관련된 책도 보고 대화법을 익히기도 한다.

그러나 우리는 자기와의 대화에는 주의를 기울이지 않는다. 당신은 자신에게 어떤 이야기를 어떤 말투로 건넬지 고민해 본 적이 있는가? 많은 이들의 내면에는 대화가 없고 일방적인 지시와 강요, 비난이 전부이다. 특히, 트라우마가 있는 사람들은 더욱더 그렇다. 이들의 내면에는 비난꾼이 장악하고 있는 경우가 많다.

이 자기대화의 구조를 알아차리고 변화시키는 것이야말로 자기친절의 여정이다. 이를 위해 가장 필요한 것은 내면의 언어와 대화에 따뜻한 주의를 기울이는 것이다. 자신을 외면하거나 거칠게 대하는 습관적 반응에서 벗어나 한번씩 자신에게 부드러운 미소와 말을 걸어주는 것이다.

처음에는 매우 어색한 일이다. 하지만 시작해 보라. 오늘 거울을 볼 때 가만히 자기 눈동자를 보며 눈맞춤을 해 보라. 어색함이 느껴져도 가만히 바라보라. 그리고 대화를 시작해 보라. 꼭 어떤 좋은 이야기를 들려주려고 애쓰지 않아도 된다. 그냥 안부부터 물어보자.

"안녕!" "오늘은 어때?" "별일 없어?"

자기친절에 필요한 것은 자신에 대한 작은 관심이다.

🐚 자기와의 대화 연습

거울 앞에서 나와 눈을 맞추며 찬찬히 바라보고 인사하기.

2. 잘못된 존재가 아니라
    잘못된 경험이 있을 뿐

흔히 성폭력 피해자에게 스스로 원인을 제공하고 문제를 자초했다고 바라보는 시선이 있다. 이를 2차 가해라고 한다. 피해자가 가해자에게 범죄를 일으키도록 동기를 제공했다고 매도하는 행위를 일컫는다.

이러한 2차 가해 상황은 가정폭력의 경우에도 흔히 볼 수 있다. '그러게 왜 아빠에게 자꾸 대들어' '우리 집에서는 네가 문제야'라며 피해자가 맞을 만한 원인제공을 했다고 비난하고 희생양을 삼는 경우이다.

종종 1차 가해보다 2차 가해가 더 큰 상처를 남기는 경우가 많다. 가족이나 친구 중에서 누군가는 내 편이 되어줄 줄 알았는데 오히려 나를 비난한다고 느끼면 숨통이 끊어지는 고통으로 다가온다. 고립과 절망에 빠진다.

그런데 이 2차 가해는 다른 사람에 의해 저질러지는 것만은 아니다.

더 많은 경우는 스스로에 의해 저질러진다. 그 일 때문에 고통을 당하고 있는 자신에게 비난을 함으로써 고통에 고통을 덧붙이는 셈이다.

'내가 못나서 그래' '난 살 가치가 없어' '난 항상 실수만 해' '나라는 인간은 제대로 하는 게 하나도 없어' '나도 이제 몰라. 어떻게 되든 상관없어' '난 당해도 싸' 등 사건과 상황에 따라 자기비난은 넘쳐난다.

이러한 자기비난의 대화는 흔히 지나친 당위, 낙인찍기, 비아냥거림, 욕설로 구성되어 있다.

첫째, 지나친 당위는 결과를 가지고 '너는 ~했어야 했어' '너는 ~하지 않아야 했어'라는 식으로 이전의 선택과 행동을 비난하는 것을 말한다. 마치 결과를 미리 다 알고 선택하고 행동할 수 있었던 것처럼 결과에 토대를 두고 비난하는 식이다. 애초의 의도는 전혀 존중되지 않고 결과가 잘못되었기 때문에 모든 게 잘못된 것이 된다.

둘째, 낙인찍기는 자기의 실수나 부족함을 빌미로 자기를 나쁘거나 형편없는 사람으로 규정짓는 것을 말한다. 자기 문제와 존재를 구분하지 않고 존재 자체를 비난하기 때문에 이들은 자기반성과 자기개선으로 이어질 수 없다. '넌 나쁜 사람이야' '넌 게을러터졌어' '넌 형편없어' '넌 구제불능이야' 등이다.

셋째, 비아냥거림은 '너 그럴 줄 알았다' '네가 할 줄 아는 게 뭐가 있겠냐!' '넌 어차피 해도 안 돼!' '넌 이제 끝장이야'라고 자기를 비꼬고 무시하고 함부로 대하는 것을 말한다.

넷째, 욕설이다. 사소한 문제에 대해서도 자신에게 '바보, 병신, 쓰레기, 정신병자, 미친 X' 같은 욕설을 서슴지 않는다.

자기비난이 파괴적인 것은 말로 그치지 않기 때문이다. 처음에는 궁정적 의도로 자신을 혼내기 위해 이루어졌다고 하더라도 그 비난이 거듭될수록 서서히 스며들어 자기정체성으로 굳어진다. 그렇기에 습관적인 자기비난은 자기파괴적 행위로 이어지게 된다.

그것이 꼭 칼로 자해하는 것과 같은 노골적인 자해를 말하는 것은 아니다. 많은 경우 은밀한 자해를 동반한다. 주의를 기울이지 않고 움직이다 잔부상을 입고, 이를 거칠게 닦고, 안 좋은 자세로 계속 생활하고, 아무 음식이나 먹고, 토할 때까지 술을 마시고, 잠을 안 자려고 애를 쓰고, 아파도 병원을 안 가는 등 생활 전반에 걸쳐 이루어진다.

이들은 자기를 함부로 대하고 건강을 돌보지 않고 생활에 질서가 없고 삶을 가꾸지 않는 것이다. 이들은 그러한 자신의 안 좋은 생활습관 때문에 또다시 비난을 하게 되지만 사실은 자기비난에 걸맞은 자기 모습으로 살아가는 것이다.

자기를 싫어하는 게 습관이 되었을 뿐

왜 고통 속에 있는 자신을 더 큰 고통으로 몰아갈까? 정말 그렇게 비난할 만큼 잘못이었을까? 원래 그런 사람으로 태어났을까? 정말 친절이나 위로를 받을 만한 자격도 없어서일까?

그렇지 않다. 어떻게 보면 그 이유는 간단하다. 자기가 처음부터 '나쁜 사람' 혹은 '잘못된 사람'이어서가 아니라 자기에 대해 나쁘게 생각하도록 학습되었기 때문이다. 처음부터 잘못된 존재여서가 아니라 자기를 잘못된 존재로 느끼게 된 잘못된 경험 때문이다.

그렇게 영향을 끼친 존재는 부모일 수도 있고, 또래일 수도 있고, 조직이나 사회일 수도 있다. 이들은 오랜 시간에 걸쳐 자기를 싫어하는 게 습관이 되었다. 힘들 때뿐 아니라 평소에도 거친 눈빛과 표정 그리고 말투로 자신을 대한다. 다른 사람에게는 친절해도 자기는 함부로 대하는 것이 몸에 배어 있다.

특히, 양육자와의 관계에서 상처를 입은 경우가 자기비난이 심하다. 부모로부터 상처를 받은 자녀들은 미움과 분노를 넘어 울분, 배신감, 무력감 등 여러 파괴적인 감정을 불러일으킨다. 무엇보다 치명적인 것은 그 파괴적인 감정으로부터 자기를 분리시킬 수 없다는 점에 있다.

부모를 증오하는 인간의 가장 큰 불행은 자기까지 증오하게 된다는 데 있다. 분노를 폭발하다가도 늘 그 분노의 끝은 자기를 향한다. '나는 쓰레기'와 같이 자기 자신을 형편없는 사람처럼 느끼며 자학하게 된다. 이들은 하나같이 심한 자기비난에 시달린다. 이들은 부모가 자기를 비난했던 그 목소리를 그대로 내면화하는 것은 물론 스스로도 여러 비난의 목소리를 만들어낸다.

특히, 이상화된 자아상의 엄격한 기준에 못 미치는 경우라면 사정없이 비난의 칼날을 꽂는다. 이들은 자기의 작은 실수, 잘못, 실패, 약점 등이 드러났을 때 심한 수치심을 느끼고 자신을 용납할 수도 돌볼 수도 없게 된다. 그렇다면 우리는 이 자기비난의 대화를 과연 바꿀 수 있을까?

☯ 자기와의 대화 연습

언제 어떤 상황에서 어떤 내용으로 자기비난을 하는지 구체적으로 알아차리기.
내 문제를 내 존재로 오독하지 않기.

3. 내면의
    관찰자 두기

"요즘 스스로를 어떻게 대하고 있나요?"

"자기를 대하는 게 달라졌다고 느낄 때가 있나요? 언제 그렇게 느꼈나요?"

"자기와의 대화가 달라지고 있나요?"

나는 상담이 잘 진행되고 있느냐의 중요한 척도로 자기와의 관계개선을 꼽는다. 그렇기에 상담 중에 위 질문을 여러 번 한다.

내담자들은 처음에는 낯설어한다. 다른 사람과의 관계가 아니라 자기와의 관계가 어떠냐고 물으니 적잖게 당황스러울 수도 있다. 충분히 그럴 수 있다. 꼭 어떤 답을 해야 하는 것은 아니다.

내가 이 질문을 자주 하는 것은 그 질문 자체가 스며들기를 바라기 때문이다. '내가 나를 어떻게 대하고 있지?'라는 질문 자체가 살아 있어야 자신과의 관계를 살펴볼 수 있다. 아무튼 이 질문을 들으면 처음에 별말 없던 사람들도 두세 번째 물어보게 되면 자기와의 관계 변화를 이야기한다. 특히, 자기외면이나 자기비난의 습성이 어떻게 달라지고 있는지 물어보면 예전보다 마음을 들여다본다거나 덜 비판적이거나 친절하게 대할 때도 있다고 이야기한다.

물론 전혀 달라지지 않는 이들도 있다. 마땅히 그렇게 해야 하는 것처럼 시종일관 자신을 매몰차게 대한다. 그만큼 내면의 비난자inner blamer가 맹위를 떨치고 있는 것이다. 그러나 그들 역시 시간이 흘러가면 자기와의 관계에 변화가 생긴다. '내가 나를 어떻게 대하고 있는가?'라는 질문이 내면화되면서 내면의 비난자 옆에 내면의 관찰자inner watcher가 서서히 자리 잡기 때문이다.

자기비난을 멈출 수 있는 틈

자기비난에서 벗어나기 위해 가장 우선적으로 필요한 것은 자기비난을 멈추자는 결심 아니라 자기비난이 일어나는 것을 관찰하는 마음이다. 어떤 상황에서 자기를 무엇이라고 비난하는지 자세히 관찰해 보는 것이다. 자기비난을 많이 하는 사람들조차 자기가 어떤 비난의 말을 자주 하는지, 어떤 톤으로 이야기를 하는지, 그 목소리가 누구와 닮아 있는지 등을 물어보면 자세히 알지 못한다.

그러므로 기록해 보면 더욱 좋다. 그 과정에서 자연스럽게 '나는 왜 나에게 이렇게 이야기하는가?'라는 질문이 생겨난다. 이렇게 자기 내면을 관찰하는 마음이 자리 잡는다는 것은 아주 큰 변화이다. 부정적 경험을 하게 되면 이전에는 내면의 비난자에 의해서만 마음이 지배당했지만 내면의 관찰자가 생기면 멈출 수 있는 틈이 생겨나기 때문이다.

자기비난의 목소리만 있었을 때는 이를 유일한 자기 목소리라고 여기고 너무나 당연히 여겨왔지만 자기관찰의 목소리가 생겨나면 의문을 품게 된다. '내가 나에게 이런 소리를 하고 있구나!'라고 알아차림과 함께 '내가 왜 이렇게까지 나를 함부로 하지?' '나를 좀더 다르게 대할 수 없을까?'라는 의문을 갖는다.

물론 처음에는 브레이크 기능이 약하기 때문에 그런 의문이 잘 떠오르지 않을 수 있다. 그러나 시간이 지나면서 내면의 관찰자는 내면의 비난자에게 계속 말을 건다. 게다가 자기관찰의 마음과 함께 자기연민의 마음이 자라면 내면의 비난꾼은 점점 약화된다. 과거와 달리 자기비난에 자동적으로 끌려가는 것이 아니라 '멈춤, 살핌, 다독다독'이 이루어지는 것이다.

예를 들어, 친구와의 약속을 까먹은 것 때문에 '난 형편없는 사람이야!'라는 자기비난이 올라왔다고 해 보자. 그러면 '잠깐! 내가 나를 형편없는 사람이라고 생각하는구나! 그러나 정신없을 때는 그럴 수도 있어'라고 멈추고 살피고 다독일 수 있게 된다.

이렇게 자기를 관찰하고 연민을 느끼는 마음이 자라나면 자기에게 건네는 혼잣말이 보다 유연해지고 관대해진다. 사실 자기불화의 상태에서는 대화가 아니라 일방적인 명령과 비난이 있었을 뿐이다. '너는 꼭 이렇게 해야 해!' '너는 이런 사람이어야 해!' 등과 같은 명령과 '너는 쓸모없어' '너는 구제불능이야'와 같은 비난이 가득할 따름이다. 자아는 내면의 비난꾼에 장악되어 내부독재가 횡행했던 것이다.

그러나 관찰하는 마음과 연민의 마음이 자라나면 대화다운 대화가 일어난다. 예를 들어 몸이 아픈데도 '넌 밤을 새워서라도 발표 준비를 잘해야 해'라는 명령이 습관적으로 일어났다고 해 보자. 예전이라면 그냥 그러한 명령에 이끌려 밤을 새워 발표 준비를 했을지 모른다. 그런데 자기관찰과 자기연민의 마음이 발달하면 그런 일방적 명령이 떨어진다고 하더라도 이런 질문이 일어난다.

'왜 아픈데 그렇게까지 해야 해?'

'이 발표를 조금 못한다고 해서 큰일이 날까?'

'내 상태나 상황에 따라 달리 행동할 수 있지 않아? 어떻게 생각해?'

물론 이러한 질문에도 불구하고 명령에 끌려갈 수도 있지만 조금씩 이러한 질문과 대답의 과정을 거치며 좀더 유연해지면서 현재의 상태와 조율이 일어날 수 있다. 마음이 조화와 균형으로 나아가는 것이다. 일과 여가의 균형, 개인과 공동체의 조화, 이상과 현실의 조율처럼 내 안의 다양한 자아의 조율이 이루어지는 것이다. 내면의 일당독재에서 벗어나 내부민주주의가 실현되어지는 것이다.

'내가 할 수 있는 만큼만 하자!'

'그러지 마! 지금은 내가 너무 몸이 안 좋아.'

'나를 더 아프게 하면서까지 잘해야 할 필요는 없어.'

자기와의 대화 연습

자기를 비난하는 목소리 옆에

관찰하는 목소리를 나란히 두기.

4. 괜찮아,
   그럴 수 있어!

　어떤 사람들은 자기를 비난하든 자기를 친절하게 대하든 고통스러운 현실이나 과거가 달라지는 게 있냐며 항변할 수도 있다. 그러나 우리의 고통은 그 경험 자체에서 비롯된 1차적 고통과 그 경험에 대한 자기 마음에서 비롯된 2차적 고통으로 이루어져 있다.

　아픔은 보편적인 1차적 고통을 말한다면 괴로움은 주관적인 2차적 고통을 말한다. 1차적 고통을 받아들이지 못하고 저항하거나 비난에 휩싸일수록 2차적 고통은 커진다. 그러므로 우리는 자기친절을 통해 1차적 고통은 어찌할 수 없더라도 2차적 고통을 줄일 수 있다.

　자기친절 연습을 거부하는 사람들 역시 위 부분에는 상당히 동의한다. 그러나 여전히 자기는 최소한의 친절을 받을만한 자격이 없다고 주장하는 사람도 있다. 도대체 어떤 일을 겪어서였을까? 왜 최소한의 친절과 연민조차 베풀어서는 안 되는가?

자기친절은 자기가 뭘 잘해서 베푸는 것이 아니다. 그것은 자기칭찬이다. 우리가 다른 이에게 보내는 친절 또한 상대가 꼭 뭔가를 잘했기 때문은 아니지 않는가!

자기친절은 힘들었던 수많은 날들을 견뎌온 나에게, 그리고 앞으로도 힘든 삶의 고통을 겪을 수밖에 없는 나에게 보내는 최소한의 응원이자 예의이다. 자기친절은 무언가를 얻기 위한 기술이 아니다. 고통 속에 힘들어하는 자기를 소중하게 대해주는 것이 목적이다. 고통이 줄어드는 것은 그 결과일 뿐이다. 이렇게 자기친절의 마음이 조금씩 스며들면 '내면의 관찰자'와 함께 '내면의 벗'으로 자리잡는다.

내면의 벗은 때로는 냉철한 의문과 질문을 하지만 때로는 부드러운 목소리로 위로와 격려의 말을 건네주는 좋은 친구 같은 존재이다. '괜찮아 그럴 수 있어' '꼭 그렇게 애쓰지 않아도 돼' '네가 할 수 있는 만큼 하면 돼!' '넌 너무 지쳐 있어. 자기를 먼저 돌보는 게 좋겠어'처럼 기존에는 듣지 못했던 새로운 목소리가 들려온다. 이는 이상이 아닌 현실에 집중하는 목소리이고 완벽 대신 성장을 지향하는 목소리이고, 자기와 상호공존하기 위한 목소리이다. 낯설 수 있지만 그 목소리야말로 어쩌면 진짜 당신의 목소리인지도 모른다.

부작용 없는 항비난제, '괜찮아'

자기친절의 목소리를 발달시키기 위해서는 평소에 자기친절의 문구를 자신에게 건네주는 것이 중요하다. 많이 이야기할수록 실수나 어려움에 빠졌을 때 자기친절의 대화가 떠올려진다.

몇 년 전에 산에 갔다가 내려오는데 그다음 약속 시간이 늦을 것 같았다. 다소 조바심이 생겨서 평소보다 급하게 내려왔다. 그러다가 그만 넘어지고 말았다.

예전 같았다면 짜증이 나서 '아이 씨, 정신을 어디다 두고 있는 거야!'라고 야단을 쳤을 것 같은데 그날은 그렇지 않았다. 나도 모르게 '괜찮아? 다친 데 없어?'라고 걱정하는 목소리가 들렸다. 이내 '크게 다치지 않아서 다행이다. 그런데 몸을 다쳐가면서까지 급하게 서두를 것 없어. 조금 늦으면 어때!'라는 친절한 목소리가 들렸다.

팔은 욱신거리고 손바닥은 쓰라렸지만 마치 내가 좋아하는 사람을 대하는 것처럼 나를 대한 것 같아 기분이 좋았다. 그때 다소 놀랐다. 주의를 기울이지 않고 자동적으로 나에게 친절하게 대하는 경우가 많지 않았기 때문이다.

물론 그렇게 되기까지는 꾸준한 연습이 필요했다. 그 내용은 그때마다 다르지만 '괜찮아. 그럴 수 있어'라는 말이었다. 자기돌봄 클럽의 멤버들과도 이 대화를 함께 연습한다. 자기 실수나 부족함에 대해 의식적으로 친절의 대화를 건네는 것이다. 처음에는 서툴지만 하다 보면 점점 익숙해진다.

예를 들어, 접시를 깨뜨리거나 무언가를 깜박했다고 해서 예전처럼 쉽게 자기를 비난하지 않는다. '이 멍청아! 이 바보야!'라는 습관적인 비난 대신에 '그럴 수도 있어. 다음 번에는 좀더 주의하자!' 정도로 자기에게 부드럽게 말할 수 있게 된 것이다.

더 심각한 상황도 마찬가지이다. 회사 상사들 앞에서 발표할 때 너무 긴장하는 바람에 할 말을 빠뜨렸다고 해 보자. 예전에는 '넌 왜 그 모양이야!'라고 혼을 냈다면 자기친절 모드로 바꾸고 나서는 자기를 좀더 이해하고 격려해 줄 수 있다. '생각보다 꽤 긴장했구나! 그래도 그 정도면 괜찮아. 다음번에는 사람들을 의식하기보다 발표 내용에 집중 하자'라고 토닥일 수 있다.

자기 실수나 부족함에 대해 '괜찮아, 그럴 수 있어'라고 나지막이 이야기해보자. 어떤 느낌이 드는가!

어떤 이들은 이러한 말이 오히려 자기 문제를 회피하고 합리화하는 것이 아닌지 묻는다. 걱정하지 않아도 된다. 습관적으로 자기합리화를 하는 사람들에게 문제이지 습관적으로 자기비난에 빠진 이들에게 '괜찮아'는 부작용이 없는 항비난제anti-blame drug가 되어준다.

그리고 자기친절은 그대로 타인에 대한 친절로 이어진다. '넌 이렇게 해야 해!'라는 마음이 약해지고 '그럴 수도 있지'라는 마음이 생겨 난다. 내가 실수하고 부족할 수 있는 것처럼 타인 또한 실수할 수 있고 부족할 수 있기 때문이다. 실수나 잘못을 저지르는 것 역시 보편적 인 간성의 한 모습이다.

자, 책을 잠시 덮고 양팔을 X자로 반대편 어깨를 잡아 나비포옹을 해 보자. 혹은 한 손으로 가슴을 토닥거리면서 다음과 같이 이야기해보자.

"내가 실수하거나 부족할 때 '괜찮아!'라고 말할 수 있기를."

"상대가 실수하거나 부족할 때 '그럴 수 있어'라고 말할 수 있기를."

🐚 **자기와의 대화 연습**

거울 앞에서 거울에 비친 나에게 말해주기. '괜찮아. 그럴 수 있지.'

5. 반성이
     비난이 되지 않게

자기친절에 대해서 이야기하다 보니 마치 자기에게 늘 친절하게 대하고 모든 것을 다 이해해 줘야 하는 것처럼 들릴지도 모른다. 그렇다면 반성이나 비판은 할 필요가 없다는 이야기일까? 아니다. 다만 반성과 비난은 구분되어야 한다.

나는 청소년기에 일기를 꾸준히 써본 적이 없다. 중간에 뚝뚝 끊어졌다. 내 나름대로는 반성을 위해서 일기를 썼다. 그러나 쓰다 보면 늘 자기비난으로 흘러갔다. 개선이 뒤따를 리 없었다. 결국 일기장을 던져 버리고 아무 반성 없이 살다가 또 어느 순간에 위기감을 느끼고 한가득 반성문을 써내려갔다. 극과 극을 오간 것이다.

지금에서야 그 균형을 맞춰가고 있지만 젊은 시절에는 반성의 수위를 조절하는 일은 어려웠다. 상담실에서 만나는 많은 이들에게서도 젊은 시절의 내 모습을 보게 된다. 이들은 더 나은 삶을 위해 반성을 하지만 그 반성은 늘 비난으로 치닫고 만다. 왜 그럴까? 자기친절이 부족하기 때문이다. 자기친절이 없는 자기반성은 자기비난으로 흐를 수밖에 없다.

스토아학파 철학자 세네카는 매일 자기 전에 하루를 돌아보는 묵상의 시간을 가졌고, 다른 사람들에게도 자기 하루를 돌아보는 시간을 갖도록 권했다. 그는 이렇게 하루를 돌아보는 것이야말로 삶에서 가장 아름다운 습관이라고 이야기한다.

다만 세네카는 자기를 돌아볼 때 잊지 말아야 할 태도를 강조한다. 그는 판사가 피고인을 대하는 듯한 태도를 경계할 것을 당부한다. 유무죄를 따지고 징벌을 내리는 심판자가 아니라 잘못을 통해 현명한 처신을 배우기 위한 관찰자가 될 것을 강조한다. 그는 자기반성의 목적을 분명히 말한다. 자기반성은 자기비난으로 흘러서는 안 되고 오직 자기개선을 위해 힘써야 한다고 강조한 것이다.

철학자 미셸 푸코는 자신의 책 『성의 역사3』에서 세네카의 자기반성의 원칙을 이렇게 정리한 바 있다.

> 이러한 반성의 목적은 자신의 유죄성을 그 세세한 부분까지, 또 그 가느다란 뿌리까지 찾아내는 것이 아니다. 그것은 합법적인 목적들뿐만 아니라 적절한 수단을 통해 목적에 도달할 수 있게 해주는 행동 규칙들 또한 기억하여, 훗날 머릿속에서 그것들을 되살려내기 위해서이다. 검토를 통해서 잘못된 행동을 되살리는 것은 죄과를 고정시키거나 가책의 느낌을 자극하기 위해서가 아니라, 한 번의 실패를 상기하고

명상하는 확인 과정을 통해서 지혜로운 행동을 보장하는 이성적 장치를 강화하기 위해서인 것이다.

포기하지 않고 서두르지 않고

반성과 비난은 전적으로 다르다. 반성은 자기 잘못이나 부족함을 돌아보고 이를 개선하는 것을 말한다. 이는 인간다움의 가장 중요한 특징이다. 인간은 인간으로 태어나는 것이 아니라 성찰과 반성을 통해 점점 인간으로 되어갈 뿐이다.

그러나 반성은 칼과 같아서 안전하게 사용해야 한다. 자기의 허물을 잘라낼 수도 있지만 잘못 사용하면 자기를 해칠 수도 있기 때문이다. 이를 위해 우리는 반성이 비난으로 흐르지 않도록 경계해야 한다.

무엇보다 문제와 존재를 동일시하지 않는 것이 중요하다. 반성은 기본적으로 부정이 아니라 인정이다. 즉, 반성은 자기 잘못을 인정하는 것이지 자기 존재를 부정하는 것이 아니다. 그것이 바로 반성과 비난의 차이이다. 흔히 반성으로 위장한 자기비난은 '내가 문제야!'로 끝이 난다. 이는 개선은커녕 체념으로 이어지는 가짜 반성이다.

우리는 잘못을 구체적으로 인정할 수 있을 때 '이제 내가 이 잘못을 어떻게 할 것인가?'라는 해결로 의식의 초점을 옮길 수 있다. 그렇다고 잘못된 행동을 인정하는 데서 끝나는 것이 반성은 아니다. 반성은 안을 들여다보는 행위이기 때문이다. 즉, 겉으로 드러난 잘못뿐 아니라 그러한 잘못을 유발한 마음을 잘 살펴보는 것이다. 부끄러움과 후회스러운 일이 있다면 그렇게 행동하게 된 자기 기준, 신념, 전제 등을 살펴보는 것을 말한다.

예를 들어, 한 엄마가 아이에게 밥을 먹으라고 했는데도 바로 오지 않아서 화가 났다고 해 보자. 엄마는 크게 소리를 질렀고 아이는 결국 울었다. 그렇다면 '소리를 크게 지른 것은 잘못했어'가 반성이 아니라 소리를 지르게 된 그 기저의 마음을 살펴봐야 한다. 만약 '내가 한 번 이야기하면 아이는 바로 따라야 해!'라는 마음속 엄격한 기준이 있었다면, 그 기준이 타당한지, 왜 그 기준을 갖게 되었는지 살펴보는 것이다.

물론 이렇게 반성한다고 해서 바로 개선으로 이어지지 않을 수 있다. 오래된 문제일수록 바로 바뀌지 않는다. 그만큼 습관화되어 있기 때문이다. 그러므로 반성에서 빼놓을 수 없는 것은 개선에 대한 관대함이다. 자기에게 불친절한 사람들은 하나같이 무리한 계획을 세우고 큰 결심을 통해 한꺼번에 바뀌어야 한다고 다그친다. 그러나 그런 일은 생기지 않는다. '전부 아니면 전무'라는 태도에서 벗어나 포기하지 않고, 조바심을 내지 않고, 조금씩 바꿔가는 것이다.

자기관찰자가 되어 삶을 돌아보고 조금씩 개선해 나가는 것! 이는 어제보다 아름다워지려는 어른들의 존재 방식이다.

🐚 자기와의 대화 연습

나에게 도움이 되는 반성은

자기 잘못을 인정하되 개선에 대해서는 관대해지는 것.

6. 자기비난까지 끌어안을 수 있을 때

아무리 욕을 하고 때리는 부모라도 이야기를 들어보면 자식이 잘되기를 바라는 마음 때문이라고 한다. 어이가 없지만 그럴지도 모른다. 사랑을 받아보지 못했기에 사랑을 주는 법을 모를 수 있다. 물론 그렇기에 계속 그렇게 살아도 된다는 것은 아니다. 받지 못했더라도 어떻게 하는 것이 자식을 사랑하고 잘되게 하는 것인지 하나하나 배워야 한다. 정말 잘되기를 바라는 마음이 있다면 말이다.

자기를 비난하는 이들도 크게 다르지 않다. 자기비난이 심한 이들과 상담할 때면 나는 종종 내면역할극을 한다. 인위적이지만 자기비난의 마음을 하나의 인격체로 분리시켜 또다른 인격체와 대화를 시도하도록 한다. 의자 두 개를 오가면서 자기비난의 인격체가 되었다가 또다른 인격체가 되어 대화를 나누는 것이다.

당신 자신을 비난하는 내면의 소리가 하나의 인물이 되어 당신 앞에 앉아 있다고 상상해 보라. 어떤 모습이 떠오르는가? 어떤 목소리로 어떤 말을 하는가?

예를 들어, '넌 쓸모없는 사람이야!' 이렇게 비난한다고 가정해 보자. 그렇다면 또다른 인격체인 당신은 이제 자기비난의 인격체에게 이렇게 물어보자. 따지는 것이 아니라 정말 그 속마음을 알고 싶은 호기심을 가지고 부드럽게 물어보는 것이다.

"네가 나를 쓸모없는 사람이라고 비난하는 이유가 뭐야?"

"내가 정말 쓸모없는 사람이었으면 좋겠어? 내가 그렇다고 인정하면 좋겠어?"

처음에는 대답을 잘 하지 않는다. 그러나 재차 물어보자.

"네가 나에게 정말 바라는 것은 뭐야?"

"네가 나를 비난하는 마음에 긍정적 의도도 있어?"

이렇게 계속 말을 걸면 나중에는 대답을 한다. 그 대답은 무엇일까? 자기비난의 목소리가 원하는 것 역시 낙인찍는 것이 아니다. 정말 그렇게 되기를 바라는 게 아니다. 표현은 독설이지만 그 기저에는 내가 잘 되기를 바라는 마음에서라고 대답한다. 다만 그 마음을 어떻게 표현할지 몰라서 비난을 반복하고 있을 따름이다.

결국 나를 미워하는 마음도 나를 좋아하는 마음도 다 나를 위한 것이다. 그러나 심리적 융합이 강한 사람은 드러난 자기비난의 표현만을 사실이라고 받아들이고, 그로부터 계속 도망치거나 제거하려고 싸운다. 결국 지쳐서 항복하고 만다.

문제는 그다음이다. 그 표현대로 정말 자기를 파괴하는 쪽으로 치달

게 된다. 그러므로 자기비난과의 투쟁은 답이 아니다. 자기친절은 자기비난과 싸워서 얻는 것이 아니라 화해를 통한 통합에 달려있다. 자기비난의 마음 또한 나의 일부이고 자기친절의 동력이다. 그 표현이 잘못되었을 뿐이다.

그러므로 자기친절의 여정에서 자기비난이 떠오른다면 실패했다고 또 비난하지 말자. 그것은 너무나 자연스러운 자동적인 반응이다.

'욕심을 버리자!' '남을 의식하지 말자!' '화를 내지 말자!' '계획을 잘 지키자!' '자기를 비난하지 말자!' 이렇게 결심한다고 해서 그렇게 살아갈 수 있다면 뭐가 문제이겠는가! 그렇게 할 수 있다고 생각하고 그렇게 해야 한다고 다그치는 것이 바로 신경증이고 완벽주의이다.

우리가 할 수 있는 것은 마음과 관계하는 방식에 변화를 주는 일뿐이다. 자기에게 늘 친절하자고 다그치지 말자. 그것이 불친절이다. 이제 자기비난을 멈추겠다고 결심하지 말자. 혈서를 쓴다고 하더라도 당신은 얼마 가지 않아 자기를 비난하게 된다. 자기비난을 끌어안자.

이는 모든 변화에 공통적으로 적용된다. 뉴욕주립대학교와 피츠버그대학교의 중독 연구자들은 알코올 중독자들이 절주를 하지 못하고 과음을 했을 때 어떤 심리적 변화가 일어나는지를 관찰했다. 알다시피 술을 많이 마신 사람들은 그다음 날 두통, 구역질, 피로감 등으로 기분이 안 좋았다.

하지만 이들의 불행은 숙취로 끝나지 않았다. 전날 많은 술을 마신 것 때문에 자책하고 기분 나빠하는 사람일수록 그날 저녁이나 다음 날 저녁에 술을 더 많이 마시는 일이 벌어졌다. 죄책감이 더 많은 음주를 불러일으킨 것이다.

변화 과정에서 누구나 실수할 수 있다

우리는 변화에 있어 계획대로 되지 않는 순간을 피할 수 없다. 그럼에도 많은 이들은 계획대로 되지 않았을 때 계획 전체를 망쳐버린 것처럼 느끼기 쉽다. 또한 자신에게 근본적인 문제가 있어 이렇게 망쳐버렸다고 자책한다. 그 결과는 어디로 이어질까?

피해를 최소화하는 대신 '나란 녀석이 그렇지 뭐!' '난 의지박약이야!' 식의 좌절과 비난으로 빠진다. 다이어트를 하다가 피자 몇 조각을 먹고 나서 폭식으로 이어지거나 단주를 하다가 음주를 하고 나서 폭음으로 이어지는 상황과 너무 흡사하다.

변화의 과정에서 실수를 자연스러운 과정으로 받아들이기보다 자기의 무능함을 드러내는 증거라고 생각할수록 포기하고 만다. 그렇다면 우리는 뜻대로 되지 않을 때 어떻게 해야 할까?

루이지애나주립대학교 클레어 애덤스Claire Adams 와 듀크대학교의 마크 리어리Mark Leary 는 이러한 악순환을 깨뜨리기 위해 여러 실험을 했다. 《사회 및 임상심리학 저널Journal of Social and Clinical Psychology》에서 자기가 한 실수에 대해 너무 자책하지 말고 가끔은 누구나 유혹에 넘어간다는 사실을 기억하는 것이 오히려 의지력의 회복에 도움이 된다는 것을 밝혔다. 더 나아가 자기친절로 자기비난을 끌어안을 때 가장 자기조절력이 향상되었다.

자기를 비난하는 것은 자기가 잘하기를 바라지만 혼내는 것 말고는 다른 방법을 배우지 못했기 때문이다. 그 자기비난의 긍정적 의도를 알아차리고, 그 의도와 표현을 일치시키도록 돕는 과정을 간단하게 이야기하면 다음과 같다.

급해서 서두르는 바람에 지하철을 반대로 탔다고 해 보자. 습관적으로 '이 멍청아!'라고 비난의 소리가 떠올랐다.

- **모드1** 자기비난_ 자동적으로 떠오르는 자기비난의 목소리. '이 멍청아!'
- **모드2** 자기관찰_ '내가 나에게 '멍청이'라고 이야기하고 있구나'라고 알아차리고 그 비난의 마음에 거리를 둔다.
- **모드3** 자기친절_ '괜찮아, 잘 모르는 길이니 그럴 수도 있어.'
- **모드4** 통합적 자기대화_ 자기비난의 마음과 대화를 해 보는 것이다. 특히, 자기비난의 마음이 원하는 것이 무엇인지 물어본다. '실수하지 말자!'라는 의도로 멍청이라고 이야기했다면 그 의도를 중시한다.

그렇다면 이 모든 마음을 통합해 보면 어떻게 될까? '그래, 급하다고 너무 서두르면 실수할 수 있어. 다음번에는 좀더 주의하도록 하자'라고 대답할 수 있을 것이다.

자기친절의 소통은 자기비난의 제거가 목적이 아니다. 우리는 자기비난의 마음을 관찰하고 자기연민의 마음으로 이를 감싸 안는 것이다. 아무리 당신이 자기비난에 시달린다고 하더라도 그 역시 당신이 잘되기를 바라는 마음에서 비롯된 서툰 표현일 따름이다. 우리가 할 일은 자기비난을 끌어안고 그 의도와 표현을 일치할 수 있도록 도와주는 것이다.

🐚 자기와의 대화 연습

자기비난을 하면 안 된다고 다그치지 않기.
자기를 비난하는 마음을 관찰하고 대화하면서 감싸주기.

7. '흔들리지만 가라앉지 않는다'

돌아보면 당신은 언제 가장 힘들었는가? 그 힘든 시기를 어떻게 통과했는가? 그 힘든 시간 동안 당신을 지탱시켜준 것은 무엇이었는가?

돌아보면 나는 20대 초중반이 가장 힘들었다. 시대 상황도 암담했지만, 친한 친구들이 서울로 학교를 가고 혼자 지방에 남겨졌다는 사실도 힘들게 했다. 그러나 가장 어려운 점은 대학을 들어간 후 스스로 삶을 어떻게 살아야 하는지 너무 막막했다. 어떻게 사람들과 어울려야 할지, 무엇을 해야 할지, 어떻게 살아가야 할지 모든 게 쉽지 않았다. 대학 캠퍼스에는 꽃들이 만발했지만 내 마음은 겨울이었다. 외롭고 우울했다.

1학년 내내 그런 상태였다. 그러다가 어느 책에서 한 문장을 만났다. '흔들리지만 가라앉지 않는다'라는 말이었다. 라틴어 원문으로는

'Fluctuat nec margitur'라고 한다. 그 당시에 내 심정이 아마 곧 침몰할 것 같은 난파선에 올라타고 있는 느낌이 아니었을까 싶다.

그 문장 전체가 내 가슴 깊은 곳에 닻을 내렸다. 그리고 젊음의 시간 내내 큰 위안이 되었다. 그 전에는 흔들리는 것조차 용납하지 못하고 자책했지만 그 문장을 만나고 난 뒤로는 흔들리는 것을 허용할 수 있었다. 늘 제대로 길을 가야 한다고 다그쳤다면 이후로는 헤맬 수도 있고 방황할 수도 있음을 용납할 수 있었다.

나를 지켜준 한마디

나뿐만이 아니다. 사람들을 만나보면 인생의 힘든 시기에 이런 말 한마디에 큰 힘을 얻는 경우가 많다. 책의 한 문장일 수도 있고, 시의 한 구절일 수도 있고, 『성경』의 한 말씀일 수도 있다. 이는 탈수에 빠져 쓰러진 사람을 일으켜 세우는 생명의 물과 같다.

자기돌봄 클럽의 한 분은 공무원 시험에 계속 떨어지면서 가족에게 면목도 없고 죽고 싶을 만큼 힘들었다고 한다. 그렇게 앞이 보이지 않을 때 친한 친구가 건네주었던 편지가 자신을 다시 일으켜 세워주었다고 했다. 편지 속 '흙길을 걷다 보면 꽃길이 나온다'는 문구가 위안이 되어 다시 준비할 수 있었다. 맑은 날이 있으면 흐린 날도 오는 것처럼, 마냥 흐린 날만 계속되지 않는다는 것을 새삼 깨닫게 된 것이다.

이렇게 위로가 되는 문구는 꼭 다른 사람의 언어로 찾아오는 것만은 아니다. 자기 목소리로, 자기 문장으로 만날 수 있다면 더 큰 힘이 될 수도 있다.

10여 년 전, 자애명상에 참가했을 때 일이다. 명상이 깊어지고 가슴이 열리면서 어떤 목소리가 들려왔다. '내가 힘들 때조차 나에게 친절할 수 있기를'이라는 문구였다.

어느 날 문득 만났지만 이 문구는 지금까지 사라지지 않고 떠오른다. 길을 걸을 때, 이를 닦을 때, 잠자리에 누울 때, 그냥 아무 일도 없을 때도 한번씩 떠올랐다. 그럴 때면 나도 모르게 가슴에 한 손을 얹고 토닥토닥거린다.

그래서였을까? 힘든 일이 생길 때면 이 목소리가 자동적으로 떠오른다. 무언가 고통을 감싸주는 느낌이 든다. 그리고 연민심의 마음으로 나를 돌볼 수 있게 된다.

이렇듯 때로 언어는 강력한 힘을 발휘한다. 문장 하나가 위로를 넘어 큰 깨달음을 주거나 절망으로부터 구원을 해주거나 새로운 삶의 전환으로 초대할 수도 있다. 그리고 그 언어는 내면화되어 하나의 생명력을 지닌 채 우리와 함께 살아간다.

내가 힘든 것을 알아차리고 내 곁으로 다가와 부비는 반려동물처럼 힘든 순간에 저절로 떠올라 우리를 위로하고 힘을 준다.

🎴 자기와의 대화 연습_ 내면의 자기돌봄 문구 만나기

자세를 바르게 하고 잠시 호흡에 집중해 봅니다. 숨을 내쉴 때 '숨을 내쉽니다'라고 이야기하고 숨을 들이마실 때 '숨을 들이마십니다'라고 이야기해봅니다. 호흡을 이끌려고 하지 말고 몸이 숨 쉬는 것을 느끼고 자연스럽게 호흡을 따라가 봅니다. 마음이 차분해졌나요?

이제 가슴에 한 손을 얹고 천천히 낮고 부드러운 목소리로 '내가 고통에서 벗어나 편안하기를'이라고 이야기해봅니다. 세 번 이야기해봅니다.

이제 다시 '내가 나를 잘 돌볼 수 있기를'이라고 세 번 이야기해봅니다.

이제 가만히 가슴 깊은 곳에 귀를 기울여봅니다. 마음의 중심에서 나에게 건네주는 자기친절의 문구를 들어봅니다. 그것을 문장으로 써 봅니다.

참고로 자기돌봄 클럽 멤버들의 자기친절 문구를 소개합니다.

'내가 힘들 때 '괜찮아!'라고 말할 수 있기를'

'내가 사랑하고 사랑받을 수 있기를'

'내가 정원을 가꾸듯 나를 가꿀 수 있기를'

'내가 나에게 친절할 수 있기를'

'내가 너무 애쓰지 않기를'

'내가 고통 속의 나를 잘 돌볼 수 있기를'

8.　일상에서 건네는
　　자기친절의 만트라 만들기

예전 자기계발 도서를 보면 긍정적인 자기대화를 강조한다. 예를 들면, 매일 일어나서 자신에게 이런 이야기를 해주는 것이다. '나는 모든 면에서 점점 좋아지고 있어' '나는 나를 좋아해!' '나는 원하는 것을 이룰 수 있어!' 같은 자기격려를 하게 한다.

물론 이렇게 하다 보면 긍정적인 자기이미지로의 변화가 이루어지기도 한다. 하지만 힘들게 만든 새로운 자기이미지는 연약할 따름이다. 좌절이나 고통 앞에 쉽게 부서져 버린다. 모래 위 누각인 셈이다. 그렇다고 누각이 필요 없는 것은 아니다. 중요한 것은 단단한 흙 위에 세워야 한다는 점이다.

그 기반이 바로 자기친절이다. 자기친절에서 비롯된 자기격려는 힘이 된다. 그렇다면 자기친절의 자기대화는 어떻게 하는 것이 좋을까?

당위형보다 소망형으로

자기돌봄 클럽에서 심혈을 기울이는 점은 자기친절을 함양하는 것이다. 이를 위해 자기친절의 자기대화 연습을 한다. '먼저, 친절을!'이라는 캐치프레이즈를 걸고 일상에서 이를 함께 실천한다.

첫째, 일상에서 자기에게 건네고 싶은 자기친절 문구를 만든다. 앞에서 내면의 중심에서 들려 온 자기친절의 문구가 있거나 자기가 직접 만든 자기친절의 문구가 있다면 그것을 사용한다. 자기친절의 문구는 '마땅히 그래야 한다'는 당위형보다는 '~하기를' 혹은 '~를 희망해!'라는 소망형이 좋다. 너무 길면 일상에서 편하게 떠올리기 어려우니 가급적 짧은 게 좋다. 가장 기본이 되는 문구는 '내가 편안하기를' '내가 나를 돌볼 수 있기를' '내가 나에게 친절하기를'이다.

둘째, 언제 할지 정해놓는다. 물론 아무 때나 자주 할수록 좋다. 다만 언제 할지 미리 정해놓으면 잊지 않고 할 수 있어서 더 좋다. 이는 시간을 정해놓고 해도 되지만 더 좋은 것은 일상적인 행위와 연결시키는 것이다. 일어나자마자 침대 위에서 해도 좋고, 저녁에 세수할 때 해도 좋고, 출근을 위해 집을 나설 때 해도 좋다. 중요한 점은 습관 형성을 위해 일상 활동과 연계시키는 것이다.

셋째, 숨을 깊이 내쉬고 호흡을 고른 다음 마음을 담아 따뜻한 말투로 천천히 한다. 자기친절의 문구를 건네는 시간은 몇 초밖에 걸리지 않는다. 과제를 하듯 해치우려고 하지 말고 짧은 시간이지만 자신을 돌보는 마음을 담아 천천히 또박또박 속삭여본다.

넷째, 거울에 비친 자기 눈을 바라보면서 하면 더 좋다. 거울에 비친 자기를 보면서 자기친절의 문구를 속삭일 때 눈물을 흘리는 분들도 있다. 그리고 자기를 사랑해 준 사람의 음성이 자동으로 떠오르는 경우도 있다. 돌아가신 어머님이 떠올라 '괜찮다. 딸아! 네가 행복하기를 바란 다'라는 음성으로 들려 온몸에 따뜻함과 그리움으로 휩싸일 수도 있다.

다섯째, 자기친절의 말에 어울리는 스킨십을 함께 한다. 나비포옹을 하며 양어깨를 쓰다듬어도 좋고, 가슴에 한 손을 얹어 토닥거려도 좋고, 뺨을 쓰다듬어도 좋다. 혹은 전신을 쓰다듬으며 전해도 좋다. 스킨십을 빠뜨리지 않았으면 좋겠다. 오히려 자기친절의 말을 하지 않고 스킨십만 해도 좋다.

여섯째, 그 느낌을 글로 적어본다. 일기장이나 블로그에 언제, 어디에서, 어떤 문구를, 어떤 동작을 하면서 건넸는지 적어보고 그에 따른 느낌도 덧붙인다.

자기돌봄 클럽에서는 온라인 커뮤니티에 댓글로 그 느낌을 적는다. 한 분은 그 변화를 이렇게 이야기했다. 4일을 하고 난 뒤였다.

"늘 내 마음보다는 타인의 마음에 쏠렸고, 남과 비교하면서 나의 모자라는 면에 집중하고 살았다. 그런데 며칠 동안 자기친절의 대화를 하고 나니 마치 내가 나와 짝꿍처럼 친해진 느낌이 든다. 나에게 상처 주지 않으려는 마음이 생겼고, 지금의 내가 내면의 나를 성장으로 이끌어가고 싶다는 마음이 들었다. 힘이 생긴다. 내가 나에게 위로와 격려를 건넬 수 있다는 게 놀랍다. 처음 경험해 본 일이다."

🐦 자기와의 대화 연습

자기에게 건네는 친절의 문구를 만들어 일상적으로 들려주기.

사랑하고 배우고
나누어라

· · · · ·

누군가를 좋아하게 되면 그 사람을 기쁘게 하고 행복하게 해주고 싶다. 내가 좋아하는 것을 주기보다는 그 사람이 무엇을 좋아하는지에 대해 관심을 갖고 좋아하는 것을 주려고 한다.

자기와의 관계도 마찬가지이다. 자기돌봄이 깊어지면 단지 미움이 줄어들고 비난을 하지 않는 것으로 그치는 것이 아니라 자신에게 활력과 기쁨을 선사하고 싶어진다. 이를 위해 자신이 무엇을 할 때 활력과 기쁨을 느끼는지 관심을 기울인다.

그렇기에 자기돌봄은 영혼 돌봄으로 나아간다. '내가 평화롭기를 바라는 마음'에서 '내가 기쁘게 살아가기를 바라는 마음'으로 확장이 일어난다.

1.　주의를
　　밖에서 안으로

　당신이 벽에 걸린 시계를 10분 동안 집중해서 바라본다고 해 보자. 그렇게 계속해서 바라보면 시계의 성질이나 초침이나 분침의 움직이는 속도가 달라질까? 10분이 짧다면 100분을 바라본다면 달라질까? 상식적으로 생각하면 달라지는 일은 없을 것이다.

　비단 시계뿐이 아닐 것이다. 당신이 하루 종일 자동차를 바라보고 빌딩을 바라보고 강물을 바라본다고 해서 그 대상이 바뀌지는 않을 것이다. 그러나 주의를 밖에서 안으로 돌리면 어떨까? 자기 생각이나 감정이나 감각에 주의를 기울이면 어떨까? 생각이나 감정이나 감각이 그대로 있을까? 변화할까?

　나는 종종 강의를 할 때 우리가 얼마나 자기 몸에 주의를 기울이지 않는지, 그리고 자기 내부에 잠시 주의를 기울이는 것만으로도 변화가 일어나는지를 확인하기 위해 '1분 동안 호흡수 헤아리기'를 한다.

방법은 간단하다. 먼저 머리로 자신이 1분에 몇 번 숨을 쉬는지 생각해 보라고 한다. 대부분의 사람들이 잘 모른다. 어림짐작으로 대답하지만 편차가 심하다. 10회가량부터 120회까지 다양하게 대답한다. 실제 호흡수와 비교하기 위해서 머리로 생각하는 호흡수를 종이에 적게 한다.

이후 1분 동안 호흡수를 헤아려보라고 한다. 들숨과 날숨이 가장 잘 느껴지는 포인트를 확인하고 숫자를 헤아린다. 이때 호흡의 속도에 변화를 주려는 어떠한 시도도 하지 않고 그냥 몸의 호흡에 따라가며 헤아릴 것을 당부한다. 사람들의 실제 호흡수는 어떻게 될까? 당신도 한번 머리로 호흡수를 생각해 보고 시계를 꺼내 1분 동안 호흡수를 헤아려보자.

성인의 비활동 상태에서 일반 호흡수는 분당 16~20회가량이다. 많은 사람들이 머리로 계산한 호흡수와 실제 호흡수의 많은 차이를 보인다. 보통 실제보다 더 많이 숨을 쉬고 있다고 생각한다. 그런데 이렇게 함께 호흡수를 측정해 보면 16회 미만도 무척 많다. 왜 그럴까? 호흡에 주의를 기울이는 것만으로도 호흡의 속도가 느려지기 때문이다.

그것이 바로 의식을 안으로 향했을 때의 변화이다. 우리가 몸과 마음에 주의를 기울이면 몸과 마음은 변화한다. 어떠한 의도 없이 주의를 기울이는 것만으로도 호흡이 느려지고, 생각이 명료해지고, 감정이 순화된다. 그것이 바로 명상이다. 게다가 냉철한 주의가 아니라 연민의 마음을 담아 따뜻한 주의를 기울이면 더 큰 변화가 일어난다. 잡념이 줄어들고, 감정이 가라앉고, 돌봄의 마음이 올라온다.

'그래야 한다'에서 '그렇게 하고 싶어'로

주의를 밖에서 안으로 옮기는 것! 그것이 바로 자기돌봄의 시작이다. 더 나아가 자기에게 따뜻한 주의를 기울일 수 있다면 그것이 바로 자기친절이다. 자기에게 주의를 기울이면 우리는 자기와의 접촉이 이루어지고 연결이 강화된다. 자기 상태를 알게 되고 자기를 돌볼 줄 아는 능력이 생겨나고 자신이 필요로 하는 것을 들을 수 있게 된다.

그 내면을 향한 주의가 깊어지면 모든 영역에서 자기와의 관계가 달라진다. 감정 상태, 식생활, 몸의 에너지, 삶의 속도, 시간을 보내는 방식, 취향과 기호 등에 변화가 일어난다. 삶에 대한 책임감이 높아지고 동기가 달라진다.

처벌이나 비난을 피하기 위해서 혹은 보상이나 칭찬을 얻기 위해서 행동하는 것이 아니라 자기 욕구에 기반을 두고 내적성장을 위해서 행동한다. 자기 삶을 보다 능동적으로 재구축하게 되는 것이다. '그래야 한다!'는 당위가 아니라 '그렇게 하고 싶어!'라는 욕구에 의해 이끌린다. 자연스럽게 자기세계가 이루어진다.

물론 당신은 여전히 자기연민이나 자기친절에 대해 의심의 시선을 거두지 않고 있을 수 있다. 연민과 친절이 자기만족과 타성으로 이어지지 않는지 의심할 수 있다. 그러나 마음챙김-자기연민mindful self-compassion 프로그램 공동개발자인 크리스틴 네프의 연구에 따르면 자기연민을 가진 사람들은 결과를 중시하는 성과목표보다 배우고 성장하는 학습목표를 중시함을 확인할 수 있었다.

그렇기에 실패를 딛고 일어나 재시도하는 능력이 더 높았다. 실제 중간고사에 낙제한 대학생 그룹 중에서 자기연민 점수가 높은 학생들은 실패를 성장의 기회로 받아들이는 비율이 높았다. 실패했을 때 자기효능감이 덜 손상되었기 때문이다. 그들은 실패를 삶의 일부로 받아들이고 자신을 지나치게 엄격하게 대하지 않기 때문에 넘어진 자신을 다시 일으켜 세우고 다시 시도할 수 있었던 것이다.

🌀 나에게 활력을 선물하기

이제는 내 안의 소리를 보고 듣고 좋아보기.

나에게 주의를 기울이면서 자기와의 관계를 돈독히 하기.

2. 인스턴트 위로가 아닌 느린 위로

아이가 울거나 칭얼거리면 스마트폰을 주는 부모가 많다. 그러면 아이들은 금방 울음을 멈추고 게임을 하거나 동영상을 본다. 예전에는 어떻게 했을까? 사탕이나 과자를 주곤 했다. 아이는 울다가도 사탕을 보면 울음을 멈춘다. 그리고 사탕을 빨면서 이내 웃음을 되찾는다.

그렇다면 이 아이를 눈물 나게 했던 그 이유는 어떻게 된 것일까? 이는 위로가 아니다. 그냥 사탕으로 아이의 불편을 잠시 잊게 만든 것뿐이다. 이런 위로에 익숙한 사람들은 어른이 되어서도 힘들 때마다 자기에게 먹을 것을 건네기 쉽다. '자, 이것 먹고 잊어버려!'라고 하면서 말이다.

실제 맛있는 음식을 먹고 나면 마음이 편안해질 뿐더러 좋아진다. 실시간으로 바로 보상이 주어진다. 문제는 점점 먹는 것을 제어하기가 힘들고, 힘들 때마다 자꾸 음식을 찾게 된다는 점이다. 그렇기에 스트레스성 폭식으로 이어지기 쉽다.

이 단계에 들어서면 먹는 것으로 스트레스를 푼 것 이상으로 먹는 것 때문에 스트레스를 받는다. 몸이 불편한 것은 말할 것도 없거니와 후회와 죄책감이 뒤따른다. 또다시 이를 먹는 것으로 푼다. 스트레스성 폭식은 먹고 후회하고, 후회하고 또 먹는 악순환을 말한다. 물론 음식으로 위로를 받으면 안 된다는 것은 아니다. 다만 습관이나 중독으로 이어져서는 곤란하다.

우리는 힘들 때 자기를 위로하고 스스로 돌볼 수 있기를 바란다. 특히 지치고 외롭고 허전할 때 스스로를 위로하고 돌보는 게 필요하다. 그러나 어디 그게 쉬운가! 특히, 어린 시절에 힘들 때 위로다운 위로를 받지 못한 이들일수록 자신을 위로하는 것은 어렵다.

그렇기에 이들은 즉각적으로 자신을 위로해 줄 대상을 찾게 된다. 술을 마시거나 맛있는 음식을 먹거나 재미있는 동영상을 보는 것이 대표적이다. 이러한 위로는 일시적이지만 빠르게 우리의 기분을 좋아지게 한다. 바삭한 치킨에 시원한 맥주를 곁들이며 최신 영화를 감상하고 있다고 생각해 보라. 회사에서 있었던 스트레스도 다 잊어버리고 깊이 빠져들 수 있다.

문제는 이러한 빠른 위로는 오래 가지 않으며, 시간이 지나면 오히려 더 기분이 안 좋아진다는 사실이다. 음식을 먹고 좋아진 기분은 한 시간을 지나지 않는다. 더 큰 문제는 과식일 경우, 시간이 지나면 먹기 전보다 기분이 더 안 좋아진다. 술도 마찬가지이다. 술에 취하면 기분이 좋지만 술이 깨면 더 기분이 안 좋을 따름이다. 이렇게 즉각적인 만족감을 주는 방법들은 일종의 패스트푸드와도 같은 '인스턴트 위로'라고 할 수 있다.

나를 돌보는 진짜 위로 찾기

인스턴트 위로는 가짜 위로이다. 시간이 지날수록 더 기분이 안 좋아지고 에너지가 떨어지기 때문이다. 마치 울고 있는 아이에게 왜 우는지 관심도 보이지 않고 그냥 과자나 게임기를 건네는 부모와도 같다. 우리는 자신에게 베푸는 위로가 진짜인지 가짜인지 구분하고, 자신을 돌보는 진짜 위로를 찾아야 한다.

진짜 위로는 즉각적인 쾌감을 주지 않지만 서서히 안정감과 위로를 주는 '느린 위로'이다. 수용전념치료 전문가인 조지 아이퍼트 George H. Eifert 는 이러한 진짜 위로를 'TLC'라고 부른다. 자신을 '부드럽고 자애롭게 돌보는 tender loving care' 느낌을 주기 때문이다.

이는 마치 우는 아이를 안아주고 진정시킨 다음에 무엇 때문에 울고 있는지 차분히 물어주고 공감해 주는 부모와도 같다. 이 진짜 위로 즉, TLC는 사람마다 다를 수밖에 없다. 명상, 요가, 스트레칭, 차 마시기, 독서, 산책, 음악감상, 가드닝, 요리, 뜨개질 등 그 방법은 여러 가지가 있겠지만 중요한 것은 자신을 부드럽게 돌보는 느낌을 주며, 시간이 지날수록 자신에게 위로를 준다. 그리고 조금씩 어려움을 헤쳐나갈 힘을 준다.

자기를 잘 돌보려면 자신에게 진짜 위로를 건네는 자기돌봄의 행동을 잘 알아야 한다. 이는 평소에 주의를 기울여 찾고 연습해야 한다. 평소에도 자기를 돌보지 않는 사람이 힘들 때 자기를 돌본다는 것은 불가능한 일이기 때문이다. 당신은 당신에게 위로와 돌봄을 주는 TLC 행동을 알고 있는가?

🌀 나에게 활력을 선물하기

나에게 진짜 위로를 주는 활동은 무엇인가.

3.   무언가를 돌보는 것이
      나를 돌보는 일

대학생 명준 씨는 소심한 성격과 대인불안 때문에 고민이 많다. 고등학교 때까지는 큰 노력을 기울이지 않아도 몇 명의 친구들이 있었지만 대학 생활에서는 친구 사귀는 것이 힘들었다. 먼저 다가오는 경우도 없었고, 어울리게 될 때도 시선이 불편하게 느껴지는 경우가 많았다.

그런 불편함이 들킬까 봐 점점 더 사람들과 어울리지 못하게 되었다. 자존감은 점점 떨어지고 자꾸 자신이 한심하게 느껴졌다. 학생상담소에서 상담을 받아보았지만 효과는 없었다.

그렇게 우울하게 지내던 차에 취업을 위해 봉사활동을 가게 되었다. 그는 그냥 기본 시간만 채울 생각으로 유기견 센터를 선택했다. 그런데 몇 번 나가보니 봉사활동을 다녀오면 기분이 좋았다. 자기도 누군가에게 작은 도움이 될 수 있다는 사실이 기뻤다.

필요한 시간을 채우고 그만두었는데 계속 유기견들이 떠올랐다. 그 후 정말 봉사활동을 시작하게 되었다. 어떤 의도나 목적 없이 다른 생명들을 돌보는 데 시간을 보내게 되었다. 그 기쁨과 보람은 시간이 지나도 약해지지 않았다. 물론 날씨가 안 좋거나 과제를 해야 하거나 몸이 피곤할 때는 가기 싫을 때도 있다. 그럼에도 막상 가게 되면 비할 수 없는 기쁨과 보람이 느껴졌다. 그 시간이 1년을 넘어서고 있다. 놀랍게도 그 과정에서 그의 자존감은 한껏 높아지고 단단해졌다.

그는 자신의 변화를 이렇게 이야기한다.

"봉사를 하다 보니 나도 누군가에게 도움이 될 수 있다는 사실을 깨닫게 되었어요. 말 못하는 동물이지만 동물에게도 마음이 있다는 것을 알게 되기도 했고요. 매주 마음을 나누고 와요. 나를 반겨주는 유기견들, 그리고 이 일을 같이 하는 사람들과 있다 보면 저 역시 좋은 사람 같은 느낌이 전해집니다. 힘든 일을 끝내고 난 후에는 설명할 수 없는 뿌듯함으로 가슴이 부풀어 올라요."

프랭크 리스먼Frank Riessman 박사는 최초로 도움치료helping therapy 이론을 정립한 사회심리학자이다. 도움치료란 쉽게 말해 '다른 사람을 도움으로써 자기도 치유되는 것'을 말한다. 이러한 도움치료가 잘 일어나는 가장 대표적인 곳이 자조모임self-help group이다. 중독, 우울증, 암 등으로 자기도 지탱하기 힘들지만 자조모임을 통해 같은 문제로 힘들어하는 이들을 위해 기꺼이 도움을 베푼다. 그 과정에서 자신을 치유해 나갈 힘을 얻는다.

프랭크 리스먼 박사는 우리에게 '건강에 가장 좋은 운동은 다른 사람을 안아 일으켜 세워주는 것'이라고 말한다.

돌봄의 역설

나는 번아웃에 빠지거나 자신을 잘 돌보지 못하는 이들에게 동식물을 돌보거나 봉사활동을 권한다. 그러면 어떤 이들은 냉소적인 표정으로 이렇게 이야기한다. "아니, 나를 돌볼 힘도 없는데 무언가를 돌보라고요?" 맞는 말이다. 자신을 돌볼 수 없는 이들에게 무언가를 돌봐야 하는 것은 버거운 일로 느껴지는 게 당연하다.

그러나 '돌봄의 역설'이란 게 있다. 자기를 돌볼 수 없다고 느낄 때조차 무언가를 위해 작은 돌봄을 베풀면 놀랍게도 자기를 돌볼 힘이 생겨나는 것이다. 명준 씨처럼 종종 자신이 베푼 것보다 더 큰 베풂이 되어 돌아오는 경우가 많다. 무언가를 돌보고 베풀 때 자기가치감이 올라가고 활기가 생긴다. 존재하는 모든 것은 연결되어 있고 인간은 그중에서도 가장 상호의존적 존재이기 때문이다.

실제 뇌영상 촬영을 통해 확인을 하면, 자발적 봉사활동을 할 때 사람들의 뇌에서 행복감을 주는 엔돌핀과 도파민 분비가 활성화된다. 사람마다 정도는 다르지만 봉사를 하면 기분이 2~3일에서 몇 주간 최고조에 다다르는 헬퍼스 하이helper's high를 경험하는 이들이 많다.

한마디로 삶의 질이 좋아지는 것이다. 그렇다고 억지로 봉사활동을 할 필요는 없다. 부담이 되는 이들에게는 일단 식물을 기르는 것부터 권한다. 그 노력에 비해 그 효과는 무척 크다.

2008년 학술지 《원예과학기술HortTechnology》에 실린 네바다대학교 클라우디아 콜린스Claudia Collins 와 앤절라 오캘러핸Angela O'Callaghan의 연구를 보자. 두 사람은 요양시설에 거주하는 노인들의 삶의 질에 원예가 미치는 영향을 연구한 바 있다. 이들은 요양시설에 거주하는 열여덟 명의 노인을 대상으로 두 시간짜리 원예수업을 네 차례 진행했다. 그리고 노인들이 각자 식물을 하나씩 맡아 돌보고 교감하도록 했다.

실험을 진행하는 동안 노인들은 허리가 전보다 곧아지고, 앉거나 서는 자세가 눈에 띄게 달라졌다. 옷차림도 단정해졌으며 전보다 웃는 일도 많아졌다. 연구자들은 참가자들이 느끼는 건강 상태, 행복감, 삶에 대한 통제력 정도를 연구 전과 직후 그리고 5개월 후에 조사했다.

그 결과 모든 지표들이 크게 좋아졌다. 식물의 성장을 지켜보면서 누군가에게 필요한 존재가 된 느낌이 들고 연대감과 성취감을 경험했으며 마음의 평안을 느꼈다고 대답했다.

이외에도 식물이 신체적, 정신적으로 긍정적인 영향을 미친다는 연구결과는 너무 많다. 피로, 두통, 안구건조증, 인후통, 가려움증 등이 21~25퍼센트가량 낮아지고, 자율신경계가 안정되어 스트레스를 안정시키는 효과를 발휘한다. 게다가 인지능력과 집중력을 향상시킬 뿐 아니라 창의성, 혁신성, 문제해결력을 평균 15퍼센트 높인다는 연구결과도 있다.

우리는 식물과 함께 있는 공간에서 더 다정해지고 상냥해지는 기분을 느낀다. 식물을 돌보는 것이 우리의 에너지를 소모하는 것이 아니라 채워주는 것이다.

당신은 자기를 잘 돌보지 못하는가? 누군가 당신을 잘 돌봐주기만을 기다리고 있는가? 그렇다면 먼저 작은 돌봄을 베풀어보자. 무언가를 돌보는 것은 자기를 돌보는 일이 된다.

🐌🐌 나에게 활력을 선물하기_ **식물돌봄과 자기돌봄의 연계**

① 식물을 하나 고른다. 초보자라고 한다면 기르기 어렵지 않은 식물을 선택한다.

② 식물의 이름을 지어준다.

③ 식물에게 어떤 환경과 조건이 필요한지 잘 파악한다.

④ 식물이 건강할 때와 건강하지 않을 때 신호를 살핀다.

⑤ 식물을 돌보는 데 필요한 사항을 짤막하게 기록한다. 주기적으로 해야 하는 한두 가지 일을 기록한다.

⑥ 자기를 더 잘 돌보기 위해 할 수 있는 한두 가지 일을 찾아본다.

⑦ 식물을 돌보는 데 필요한 한 가지와 자기를 돌보는 데 필요한 한 가지를 연계해서 수행한다. 예를 들면, 식물을 위해 물을 주고 난 뒤에 밖에 나가 산책하고 들어오거나 실내운동을 한다. 혹은 식물에게 다가가 "잘 잤어?"라고 아침 인사를 건네고, 거울 속의 자신을 보며 '내가 오늘 평화롭기를!'이라고 이야기해준다.

* 케이티 쿠퍼, 『식물이 위로가 될 때』, 빌리버튼, 2021 참고.

4. 일과 휴식을
분리하기

번아웃에 빠진 사람들을 보면 공통적 특징이 있다. 그중 하나는 일과 휴식의 경계가 무너져 내린 것을 들 수 있다. 이는 일과 휴식이 시간적으로 분리되어 있지 않다는 의미라기보다 정신적으로 분리되어 있지 않다고 볼 수 있다.

많은 이들은 근무시간과 휴식시간이 물리적으로는 구분되어 있다. 하지만 일을 할 때는 놀 생각을 하고, 놀 때는 일에 대해 생각할 정도로 시간을 혼탁하게 보내고 있다.

물론 이는 개인의 문제만은 아니다. 과잉경쟁, 부실한 사회안전망, 인터넷의 발달, 높아지는 노동 강도는 쉬는 시간조차 계속 일에 연결되게 만든다. 실제로 번아웃에 근접한 이들일수록 검사를 해 보면 일하는 시간과 휴식시간에 스트레스 수치나 긴장도가 별로 다르지 않다.

그럼에도 상대적으로 잘 쉬는 사람들이 있다. 이들은 시간적으로나 정신적으로나 휴식과 일이 잘 분리되어 있다. 예를 들면, 휴식 때는 업무에 대한 생각을 잘 하지 않는다. 그렇기에 퇴근 후 저녁이나 주말처럼 짧은 시간도 긴 휴가처럼 회복에 도움이 될 수 있다.

물론 많은 사람들도 그렇게 하려고 한다. '퇴근하면 직장이나 일 생각을 하지 말자!'라고 결심한다. 이를 위해 일과 관련된 자료는 집에 가져오지 않거나 혹은 시간을 정해 업무와 관련된 메시지나 메일 수신을 차단하기도 한다. 그러나 환경의 통제만으로는 쉽지 않다. 걱정이나 생각을 막을 수 없기 때문이다.

그렇다면 잘 쉬는 사람들은 어떻게 일로부터 분리될 수 있을까? 윈스턴 처칠은 이를 불을 끄고 켜는 것으로 비유한 바 있다.

> 일상의 주요 관심사에 단순히 불을 끄는 것만으로는 충분하지 않다. 새로운 관심 분야에 불을 밝혀야 한다. 그렇게 함으로써 지친 마음을 쉬게 하고 힘을 얻을 수 있다. 단순히 쉬는 것이 아니라 마음의 다른 부분을 사용하게 된다.

처칠에게 다른 불을 켜는 것은 그림 그리기였다. 처칠은 그 시간 동안 눈앞에 직면한 현재의 고민이나 다가올 미래에 대한 두려움을 잊고 그림에 몰두할 수 있었다. 그는 평생에 걸쳐 그림을 그렸고, 유화 500여 점을 남겼다. 그렇다고 그가 전쟁 중에도 한가롭게 그림을 그렸던 것은 아니다. 제2차 세계대전 기간 동안에는 그림을 딱 한 장만 그린 것으로 알려져 있다.

『죽음의 수용소에서』의 저자로 잘 알려진 빅터 프랭클은 어떤 불을 밝혔을까? 바로 암벽 등반이었다. 그는 이렇게 이야기한다.

> 암벽을 오르는 시간만큼은 다음 강의 주제나 책을 생각하지 않는 유일한 시간이었다. (중략) 암벽을 오를 때에는 책이나 앞으로 닥칠 일에 대한 생각을 일절 하지 않았다.

내 영혼을 기쁘게 하는 능동적 휴식

창의적인 사람들은 일만 하는 외골수가 아니었다. 이들은 일을 잊고 무언가에 깊이 빠져들 자신만의 심층놀이 즉, 오티움 otium 을 가지고 있었다. 오티움은 라틴어로 '휴식, 은퇴 후 생활, 학예활동' 같은 여러 뜻이 있지만 나는 이를 '내 영혼을 기쁘게 하는 능동적 휴식'의 의미로 사용하고 있다.

영혼을 기쁘게 한다는 말이 거창할지 모르지만 그만큼 순수한 기쁨을 의미한다. 의무나 책임 때문도 아니고 보상이나 결과 때문도 아닌 활동 자체에서 기쁨을 느끼는 것! 그것이 바로 오티움이다.

이는 자기돌봄의 핵심이다. 내가 나에게 순수한 기쁨을 선사하는 것만큼 더 훌륭한 자기돌봄이 어디 있겠는가! 나는 몇 년 전부터 번아웃에 빠진 많은 사람들이 오티움을 통해 어떻게 회복하게 되는지를 살펴보고 있다. 이들은 오티움을 통해 자신의 새로운 면을 발견하고, 일과는 확연히 다른 만족감을 느끼고, 과거와 연결고리를 찾고, 삶의 또다른 가능성을 엿보고, 새로운 사람들과 어울리는 등 삶의 활력을 찾고 보다 풍요로운 삶을 살아간다.

오티움의 종류는 다양하다. 운동, 춤, 그림 그리기, 악기연주, 공예, 동식물 기르기, 공부하기, 요리하기, 요가나 명상하기, 봉사활동 등. 그 활동은 다양하지만 기쁨과 위로를 받는다는 점은 동일하다. 이들은 마치 사랑에 빠진 사람과 같다. 오티움을 할때뿐 아니라 오티움을 이야기할 때도 이들의 눈동자는 다시 빛난다.

자기돌봄은 일상생활에서 이루어져야 한다. 어쩌다 한번 여행을 떠나고, 비싼 선물을 자신에게 해준다고 해서 자기를 잘 돌본다고 할 수 없다. 일상에서 자신에게 작은 기쁨을 건네줄 수 있는 게 핵심이다. 그것은 자기 일상을 기분 좋게 생각하려는 노력을 통해서 얻을 수 없다. 기분이 좋아지는 활동, 활력이 느껴지는 시간을 보내는 것이 필요하다. 그것이 바로 진정한 휴식의 의미이다.

번아웃에 빠지는 이들은 일 이외의 영역에 대한 별다른 흥미가 없다. 무엇이 자신에게 활력을 주는지 모르기에 휴식시간은 있지만 재충전은 일어나지 않는다. 그들에게 휴식은 에너지를 쓰지 않는 것에 불과하다. 일 이외의 불이 없기 때문에 일이라는 불도 제대로 끌 수 없는 것이다.

우리 사회는 기술혁명으로 인해 앞으로 계속 노동시간이 줄어들고 자유시간이 늘어나게 될 것이다. 유럽의 일부 직장에서는 벌써 주 24시간 노동이 이루어지고 있다. 이제 세상은 노동시간과 자유시간의 역전을 앞두고 있다. 일 중심의 세상에서 여가 중심의 세상으로 옮겨가게 될 것이다. 자기를 돌본다는 것은 이 여가의 시간을 잘 돌본다는 것을 의미한다.

5. 자신의 욕망을 파악하고 조율하기

"너희는 나처럼 살지 말아라!"

어린 시절에 아버지가 술에 취하면 꼭 하셨던 이야기이다. 아버지는 지방의 행정 공무원이었는데, 평소에는 술을 마시지 않았다. 그런데 1~2년에 한 번은 대취해서 들어오곤 하셨다. 직장에서 수모를 당하거나 승진을 하지 못했을 때였다. 그런 날이면 자식들을 불러놓고 일장연설을 했다. 자신이 얼마나 힘든 환경에서 자랐는지, 자신의 꿈을 포기하고 얼마나 힘들게 일을 하고 있는지, 세상이 얼마나 부조리한지 등 신세한탄을 늘어놓았다. 그 이야기의 끝은 "너희는 나처럼 살지 말아라!"였다.

어릴 때는 나는 그 말의 의미를 잘 이해하지 못했다. 그냥 공무원을 하면 안 되겠다고 생각했다. 그렇다고 무언가 하고 싶은 게 있었던 것은 아니었다. 돌아보면 내 피는 한 번도 뜨거웠던 적이 없었다. 그냥 태어났으니까 사는 것이고, 주어진 일이 있으니 해야 한다는 식으로 살았다.

그래도 스스로 선택한 게 있다면 정신건강의학과를 전공한 것이다. 다른 동기가 있어서라기보다 내가 힘들어서였다. 그조차 고통이 점차 옅어지면서 일은 생계 이상의 의미가 없었다. 삶은 빈 배처럼 물결 따라 흘러갔다. 그렇게 30대 중반이 되었고, 아이가 태어났다. 처음에는 아이를 낳고도 시큰둥했다. 그런데 시간이 갈수록 아이가 사랑스럽게 느껴졌다. 무엇을 잘해서가 아니라 그냥 존재 자체로 사랑스러웠다. 그 느낌은 고스란히 나에게로 돌아왔다. 있는 그대로의 나를 받아들일 수 있게 되었다.

아이가 두 살쯤이었다. 아이랑 함께 있다가 문득 고향에 있는 아버지 생각이 났다. 그리고 어릴 적 자주 들었던 그 이야기가 생각났다. "너는 나처럼 살지 말아라!" 그리고 바로 이런 생각이 들었다. '나는 이 아이를 키우면서 아버지가 내게 했던 그 이야기를 하지 않을 수 있을까?' 전혀 자신이 없었다.

다만, 내가 아이에게 그 이야기를 한다면 아버지와는 큰 차이가 있을 것 같았다. 아버지의 말 속에는 '자신이 이루지 못한 꿈, 살지 못한 삶'의 회한이 깊이 스며있었지만 나의 회한은 다른 차원일 것 같았다. '무언가를 이뤄보고 싶은 것조차 없었던 삶'에 대한 회한일 것 같았다. 정신이 확 들었다. 인생 전체를 다시 살펴보게 되었다. 그리고 고민 끝에 아이가 자라면 이렇게 이야기해주리라 마음먹었다. 대각성의 순간이었다. "너도 나처럼 살아라!"

그렇지만 그것은 쉬운 일이 아니었다. 내 삶을 살아가기 위해 어디서부터 시작해야 할지 막막했다. 먼저 '내가 원하는 것은 무엇인가?'를 고민하기 시작했다. 나의 욕구를 이해하는 것은 나의 감정과 깊은 관련이 있었다.

당시 나는 개인병원을 운영한 지 2년밖에 되지 않았는데도 우울하고 지루했다. 그 감정들을 회피하기보다는 그 감정들이 왜 자리 잡고 있는지 그 이유를 살펴보았다. 그 감정들은 나에게 무언가 신호를 보내고 있었다. 무엇보다 자유로운 시간 없이 일주일 내내 병원 일에 매어 있고, 약물 처방 위주로 단순하게 진료를 보는 방식이 나를 힘들게 하고 있었다.

변화가 필요했다. 나만의 시간이 필요했고, 보다 창의적인 일을 하고 싶었다. 나는 생애 처음으로 나의 욕망에 주목했다. 그 욕망을 현실에서 어떻게 구현해 나갈지 진지하게 고민하기 시작했다. 그 결과 임상진료에서 벗어나 심리훈련이라는 새로운 분야를 개척하게 되었다.

욕망은 삶의 원동력

인간은 무언가를 원하고 추구한다. 그 욕망이야말로 삶의 원동력이다. 그러나 우리는 욕망을 부정적으로 생각하는 경향이 강하다. 탐욕, 음욕, 물욕 등을 먼저 연상하기 때문이다. 하지만 생리적인 것에서부터 무언가를 창조하고 싶고 나아가 자기를 초월하고 싶은 마음까지 인간의 욕망은 다층적이다. 욕망으로 인해 피폐해질 수 있지만 욕망으로 인해 자신을 발전시킬 수 있다.

결국 중요한 것은 어떤 욕망인가이다. 그러므로 우리는 욕망을 제거하기보다 욕망의 위계를 정하고 욕망을 조율하는 일이 필요하다. 자기를 돌본다는 것은 자신의 욕망을 잘 파악하고 그에 적절한 길을 내어 주는 일이 포함된다. 반대로 자기를 돌보지 못하는 사람은 자신의 욕망을 잘 알지 못하고, 중요하게 여기지도 않는다. 오히려 타인의 욕망과 기대에 더 편승한다.

특히, 힘든 감정을 오랜 시간 억압해 온 이들이 그렇다. 이들은 감정뿐 아니라 감각과 욕망에 대해서도 무감각하다. 보람, 희망, 기쁨, 행복 등의 감정도 잘 느끼지 못한다. 마음 전체에 두꺼운 굳은살이 박인 것과 같다. 이들은 자신의 내면과 차단되어 있다. 그렇기에 딱히 원하는 것도 없다. 이들은 자존감 이전에 자기감에 문제가 있다. 자기에 대한 감각이 있어야 자신에 대해 평가를 할 수 있을 텐데 그 기본적인 감각조차 잘 발달되지 못한 것이다.

자기감은 말 그대로 자기에 대한 감각을 말한다. 간단히 말해 자기감은 '나는 이렇게 느껴!' '나는 이것을 원해'라는 자기 고유의 감정, 감각, 욕망을 바탕으로 경험 속에 축조된다. 이러한 자기감이 결핍된 이들은 자신을 잘 이해하지 못하고 타인의 취향과 요구에 끌려 다니기 쉽다. 이는 자존감 이전에 정체성의 혼란과 개별성의 장애를 보인다.

자기돌봄이 이루어지면 점점 더 자신과 깊이 만나게 된다. 자신이 무엇을 느끼는지, 무엇을 좋아하는지, 무엇을 원하는지 등을 조금씩 느끼게 된다. 자신의 감각과 감정, 욕망에 주목하게 된다. 그 과정에서 자기감을 회복한다. 자신의 내면과 접촉하고 자신의 개별성을 만들어 가고 자신의 삶을 살아가고자 노력한다.

자기돌봄이 깊어지면 우리는 자기성장과 자기실현으로 나아가게 된다. 세상에 가지고 태어났지만 빛을 보지 못하고 잠들어 있는 여러 가능태들을 흔들어 깨우기 시작한다. 그에 따라 자기다움은 다시 깊어지기 시작한다. 외부에서 내부로 주의가 깊어지고 자신의 가능성을 발휘하고 삶의 이야기를 다시 쓰고 싶어진다.

일찍이 소크라테스와 같은 자기배려의 철학자들 역시 '자기돌봄은 다양한 실천을 통해 자기 영혼을 단련하는 것'이라고 표현한다. 자기돌봄은 내면의 욕망을 깨워 기존의 자신을 넘어 새로운 영혼을 가진 존재로 거듭나는 것을 말한다. 이는 마치 안전기지가 형성되어 세상으로 모험을 떠나는 아이들과 흡사하다.

자기돌봄의 여정 또한 비슷하다. 부모의 사랑이 애착이 되어 독립을 이끄는 것처럼, 자기돌봄은 '내면의 벗'이 되어 진짜 인생으로 우리를 이끈다.

🍥 나에게 활력을 선물하기

나는 무엇을 느끼는가.

나는 무엇을 좋아하는가.

나를 무엇을 원하는가.

6. 기쁨과 즐거움의 균형 맞추기

　작년에 오랜 지인과 소식을 주고받게 되었다. 코로나로 인해 모임이 중단되다 보니 소식도 못 들은 지가 오래였다. 그분은 종합병원 정신건강의학과 과장으로 일하고 있는데, 그 병원이 코로나 지정병원이 되어 일이 부쩍 늘었다고 했다. 게다가 의료 인력이 부족해서 매주 하루 이틀은 야간당직까지 서고 있었다. 50대 중반의 나이에 얼마나 힘들까 싶었다.

　그런데 의외로 생기가 넘쳤다. 그 비결이 궁금했다. 지인은 유튜브 동영상 링크를 보내주었다. 열어 보니 집에서 피아노를 연주하는 장면이 펼쳐졌다. 3년 전부터 독학으로 피아노를 배우기 시작했다고 한다. 깜짝 놀랐다. 그 동영상에는 다음과 같이 소감까지 소개되어 있었다.

　"흉내조차 불가능하다고 확신했던 슈베르트의 〈세레나데〉를 올린다. 너무나 가파르고 높은 산이어서 올라갈 엄두조차 내지 못했다. 그래도 도전하고 싶어서 인터넷을 찾아 연습하고 피아니스트들의 연주를 듣고 또 들으며 나에게 적용하기를 반복했다."

큰 감동을 받았다. '도대체 얼마나 많은 시간을 쏟아부었을까?' 그러다가 의문이 들었다. '어떻게 포기하지 않고 계속할 수 있었을까? 그것도 혼자서!' 글을 읽어 내려가니 그 궁금증에 대한 답이 나왔다.

"피아노는 고난과 환희를 안겨준다. 나이 들어 혼자 피아노를 배우는 일은 무척 힘이 든다. 그러나 작은 방에서 홀로 어려움들을 극복하며 모진 연습을 반복하고, 마침내 원하는 소리와 아름다운 음악을 만들어간다고 느낄 때의 그 기쁨은 어떤 말로도 형용할 수 없다. 그렇게 부단히 노력하면서 이루어가는 과정 또한 인생이다."

그래서였구나! 그래서 생기가 넘쳤구나! 지인은 피아노를 배우면서 지금까지 살아오면서 잘 느끼지 못했던 긍정적 감정을 경험했다고 한다. 바로 '환희歡喜'라는 감정이다. 이 감정은 '기쁠 환, 기쁠 희'이니 가히 '큰 기쁨'이라고 말할 수 있다.

환희라는 감정은 라틴어로 '가우디움gaudium'이라고 한다. 라틴어 사전에 의하면 '자기가 노력해 얻은 선의 소유에서 오는 만족감 또는 행복감'이라고 설명한다. 즉, 환희는 스스로 일궈낸 자력의 행복이며 자기성장의 기쁨을 말한다. 이 자력의 기쁨이야말로 인간의 영혼에 생기를 불어넣고 삶의 활력을 준다.

철학자 세네카에 의하면 이 가우디움은 감정이지만 유독 단단하고 오래간다고 했다. 어떤 외적 사건도 이 기쁨을 쉽게 침해할 수 없을 정도로! 그리고 비교되는 말로 '볼룹타스voluptas'를 소개했다. 이는 쾌락을 의미하며, 그 원천이 외부에서 주어지고 쉽게 휘발된다고 했다.

예를 들면, 술을 마시거나 맛있는 음식을 먹었을 때의 기분 좋은 느낌을 말한다. 희노애락의 감정으로 이야기하면 가우디움이 희喜에 해당하고 볼룹타스가 락樂에 해당된다고 볼 수 있다. 우리는 일상에서 기쁨과 즐거움을 잘 구분하지 않지만 두 가지 감정은 엄연히 다르다.

우리가 쾌감을 느낄 때 뇌에서 분비되는 신경호르몬이 있다. 바로 도파민이라는 신경전달물질이다. 술을 마시거나, 섹스를 하거나, 맛있는 음식을 먹거나, 산 정상에 오르거나, 새로운 것을 배울 때 도파민이 분비되어 기분이 좋아진다. 즉, 도파민은 즐거움을 느낄 때도 기쁨을 느낄 때도 분비된다. 그렇기에 중독호르몬이면서 동시에 행복호르몬이라고 할 수 있다.

그렇다면 도파민은 어떨 때 중독이 되고 어떨 때 행복을 줄까? 그 답은 바로 스트레스에 있다. 즉, 아무 어려움 없이 쾌감을 느끼면 중독에 빠지기 쉽지만, 어려움을 거치고 난 뒤에 쾌감을 느낀다면 이는 행복이 되기 쉽다.

다시 말해 즐거움은 도파민만 분비되는 것이라면, 기쁨은 도파민과 스트레스 호르몬이 함께 분비되는 것을 말한다. 진정한 행복은 순수한 쾌감으로 이루어진 것이 아니라 불쾌감과 쾌감이 섞여 있거나 혹은 불쾌감을 거치고 난 뒤의 쾌감을 말하는 것이다. 단, 그 불쾌감이란 억지로 견디는 것이 아니라 자신이 원하는 것을 위해 기꺼이 겪는 불쾌감을 말한다.

잃어버린 기쁨을 찾아서

이 즐거움과 기쁨의 차이에 인간과 동물의 경계가 있다. 즐거움은 동물적 감정이지만, 기쁨은 인간적 감정이다. 인간만이 동물과 다르게 만족을 지연시킬 줄 안다. 그것은 이성의 힘이 아니라 기쁨이라는 감정에서 비롯된다. 인간은 더 큰 만족을 위해 지금의 불편을 감수할 줄 안다. 고기를 더 맛있게 먹기 위해 바로 생식을 하지 않고 불을 피워 고기를 구워 먹고 요리를 한다.

이 감정에 인간의 모든 역사가 신세를 지고 있다고 해도 과언이 아니다. 인간이 쾌감에서 기쁨의 감정을 분화시키지 못했다면 인간은 인간이 될 수 없었다. 그에 비해 동물의 감정은 아주 단순하다. 감정이 단순하기에 행동도 단순하다. 쾌감을 쫓고 불쾌감을 피할 뿐이다.

그러나 인간의 감정과 행동은 복잡하다. 불쾌감을 피하기도 하지만 불쾌감을 통해 더 큰 쾌감을 만들어내기도 한다. 무섭다고 하면서 스릴 넘치는 놀이기구를 타고, 고생할 줄 알면서 낯선 곳으로 여행을 떠나고, 실력이 늘지 않아 스트레스를 받아가면서 악기를 연주하거나 춤을 배우는 등 무언가를 익히려고 한다.

그렇다고 기쁨을 위해 계속 행복을 미루라는 것은 아니다. 인간의 행복은 동물과 달리 즐거움과 기쁨이 모두 필요하다. 그런데 만약 어떤 인간이 '나는 불편하고 힘든 것은 싫어. 그냥 바로 쾌감을 주는 즐거움만 느끼고 살래'라고 한다면 어떻게 될까? 즉, 한 인간이 즐거움만 추구하게 되면 어떻게 될까? 그것이 바로 중독이다.

중독은 기쁨이 결핍되고 즐거움이 과잉된 상태를 말한다. 그렇기에 중독의 회복은 쉽지 않다. 중독의 회복은 단지 중독의 대상을 끊는 것이 아니라 잃어버린 기쁨의 회로를 복원시켜야 하는 지난한 과정이다. 자기돌봄은 이 균형을 찾아가는 것이다. 자기에게 기쁨과 즐거움의 균형을 맞추는 기술이 바로 자기돌봄이다.

나에게 활력을 선물하기

내가 하고 싶은 것을 위해 그에 따르는 귀찮음과 스트레스를 기꺼이 감수하기.
여가시간을 잘 누리기.

7. 배움은 삶에 탄성을 준다

집 앞에 만학도를 위한 중고등학교가 있다. 여러 가지 사정으로 배움을 이어가지 못한 분들이 다니는 학교이다. 주로 60대 이상의 여성들이 다닌다. 그 학교 정문 앞에는 커다란 안내문이 붙어 있다. '일찍 오지 마시고 등교시간에 맞춰 오세요!' 그러나 늘 이른 시간부터 학교 앞에서 기다리는 분들이 많다. 삼삼오오 모여 이야기를 나누며 학교 문이 열리기만을 기다린다.

그분들의 표정과 눈빛을 볼 때마다 마치 10대 소녀들 같다. 결코 빈말이 아니다. 이 분들은 거의 전원이 대학에 진학을 한다. 배움의 맛에 빠져 배움을 내려놓지 못하는 것 같다. 그리고 학교 담벼락에는 늘 플래카드가 즐비하다. 시인이나 문인으로 등단한 분들을 축하하기 위함이다.

배움에는 나이가 없다는 말을 새삼 느끼게 된다. 이 분들이야말로 자기 영혼을 잘 돌보는 것이 아니겠는가!

오티움 활동가들과 심층 인터뷰를 했을 때도 가장 기억에 남는 것은 표정과 눈빛이었다. 자신이 어떻게 오티움을 만나고 오티움을 통해 삶의 어떤 변화가 일어났는지를 이야기할 때 그들의 눈빛은 마치 사랑에 빠진 사람들의 눈빛과도 같다. 이들은 삶과 사랑에 빠진 이들이다. 자신에게 기쁨을 주는 활동을 통해 삶을 아름답게 가꿔가는 인생 정원사이다.

그들의 영혼이 젊은 이유

나는 종종 정신과 구분하여 '영혼'이라는 표현을 쓴다. '죽은 사람의 넋'으로서의 의미가 아니라 '산 사람의 넋'으로서의 의미이다. 즉, 한 인간의 몸을 거느리고 정신을 다스리는 높은 의식을 가리키는 것이다. 영혼이 살아 있어야 몸과 마음이 건강할 수 있는 것이다.

이 영혼의 양식에는 세 가지가 있는데 바로 사랑과 배움, 나눔이다. 사랑, 배움, 나눔을 잃어가면 영혼은 힘을 잃고 삶은 죽어간다. 살아도 사는 것이 아니게 된다. 이 사랑, 배움, 나눔은 모두 기쁨을 준다. 바로 성장의 기쁨이다. 자기가 더 좋은 사람이 되어가고 자기 삶이 더욱 아름다워지고 있다는 것을 느낀다. 그것이 바로 영혼의 돌봄이다.

자기의 영혼을 돌보는 이들은 사랑, 배움, 나눔을 놓지 않는다. 특히, 나이 들어서도 배움의 끈을 놓지 않는다. 그들의 영혼이 계속 젊은 이유이다. 그렇다면 영혼의 기쁨을 느끼려면 무엇이 중요할까? 세네카는 제자와 주고받은 편지를 모은 책 『루실리우스에게 쓴 편지』에서 어떻게 환희를 경험할 수 있는지에 대해 다음과 같이 말한다.

나는 그대가 결코 환희를 잃지 않기를 바란다. 또한 그대의 가정에 그 환희가 넘쳐흐르기를 원한다. 그러기 위해서는 그 환희가 그대의 내면 으로부터 흘러나와야 할 것이다. 일단 그 환희가 어디서 나오는가를 알게 되면 그것은 결코 고갈되지 않을 것이다. 그대는 진정한 행복에 로 눈을 돌려야만 한다. 즉, 그대 자신의 밑천에 만족을 하라. 그런데 이 밑천이란 대체 무엇인가? 그것은 그대 자신과 그대의 가장 우수한 측면을 의미한다.

세네카가 말하는 가우디움은 아리스토텔레스가 말한 유다이모니 아eudaimonia와 비슷하다. 즉, 자기 재능을 행동과 통합시켜 자아를 최 대로 발휘하는 상태이다. 가우디움 역시 자기 능력이나 자질을 갈고닦 을 때 느껴지는 기분 좋은 행복감이다.

이 행복감을 느끼려면 '자기 밑천de tuo'을 잘 이해해야 한다. 자기의 강점과 욕구에 주목해야 한다. 자신이 무엇을 잘할 수 있고 무엇을 할 때 기쁨을 느끼는지를 잘 알아야 한다. 자기를 잘 이해하는 사람만이 자신을 행복하게 할 수 있는 법이다. 그리고 배움을 통해 그 밑천을 가 꾸는 것이 필요하다. 그 밑천을 갈고닦는 것이 일이 될 수도 있고 여가 활동이 될 수도 있다.

배움은 우리 영혼을 돌보는 데 있어 빠뜨릴 수 없다. 배우는 것은 우 리에게 쾌감을 주면서 동시에 스트레스를 준다. 일부러 시간을 내야 하고, 연습을 해야 하고, 때로는 돈도 써야 한다. 이해가 잘 되지 않거 나 바로바로 실력 향상이 되지 않아 짜증도 나고 지겨울 수도 있다. 그 러나 그 어려움을 거치며 새로운 것을 알아가고 실력이 향상되면 이루

말할 수 없는 기쁨이 찾아온다. 그 기쁨은 삶 전체에 활기를 준다.

그 배움이 머리로 하는 공부만을 의미하는 것은 아니다. 악기를 연주하고, 운동을 하고, 뜨개질을 하고, 요리를 배우고, 분재를 가꾸고, 시 낭송을 하고, 춤을 추고, 숲 해설을 배우고, 외국어를 배우는 등 그 영역은 무궁무진하다.

이러한 배움은 우리에게 타인의 인정 이전에 내적 성장의 기쁨과 삶의 탄성을 부여한다. 그러므로 자기를 돌보려는 자는 자신의 밑천을 찾고 이를 닦을 수 있는 배움의 기회를 부여하는 사람이다.

🌀 나에게 활력을 선물하기

나의 영혼을 돌보기 위해 배움의 끈을 놓지 않기.

배움을 통해 내적성장의 기쁨과 삶의 탄성을 만끽하기.

8. '괜찮아'에서
   '할 수 있어'로

보통 정신과에는 스트레스나 불행을 많이 겪는 이들이 찾아온다고 생각할 것이다. 물론 그렇다. 그러나 정반대의 사람들도 적지 않다. 오히려 스트레스나 불행을 많이 겪지 않았기 때문에 오는 경우이다.

이는 두 가지로 나누어 볼 수 있다. 첫째는 고통이나 불행을 별로 겪지 않아 인생의 맷집이 너무 약한 사람들이다. 이들은 온실 속 화초와도 같아서 작은 일에도 쉽게 무너진다.

둘째는 스트레스를 피해 자기 능력보다 더 쉬운 일을 해왔기 때문에 삶의 권태와 무기력 그리고 매너리즘에 빠진 경우이다. 즉, 스트레스가 과도한 만큼이나 스트레스가 별로 없는 삶 또한 인간을 위협한다. 인간은 생존을 넘어 성장을 추구하는 존재이기 때문이다.

실제 미국 버팔로대학교 심리학과 마크 시어리Mark Seery 교수는 생애 동안 겪게 되는 부정적 사건들과 삶의 만족도 그리고 회복탄력성의 상관관계에 대해 연구했다. 과연 부정적 사건들이 적을수록 삶의 만족도가 높았을까?

놀랍게도《성격 및 사회심리학 저널》에 실린 마크 시어리 교수의 연구에 따르면 너무 적은 부정적 사건과 너무 많은 부정적 사건들이 회복탄력성이나 기능손상은 물론 삶의 만족도까지 떨어뜨렸다. 적정 수준의 부정적 사건을 겪은 사람들이야말로 가장 높은 삶의 만족도와 회복탄력성을 보인 것이다. 연구를 통해 그는 니체의 다음과 같은 이야기에 동의할 수밖에 없었다.

'우리를 죽이지 못한 것들은 우리를 더 강하게 만든다.'

자기돌봄이 잘 이루어질수록 내면의 '참 자기'와 접촉하게 된다. 참 자기는 말 그대로 '타고난 잠재력'을 말한다. 안정적인 자기관계가 형성되면 자기 본성을 추구하고 그 가능성을 유감없이 드러내고자 한다. 자기실현의 욕구로 이어지게 되는 것이다.

'괜찮아'라는 위로에서 시작된 자기돌봄이 자연스럽게 '할 수 있어'라는 도전으로 이어진다. 그것은 다른 사람과 경쟁하거나 인정을 받기 위함이 아니다. 자기다워지는 것이다. 그것이 건강한 삶이다. 아프지 않는 것이 아니라 활기 있는 삶을 사는 것이며, 에너지를 아끼는 것이 아니라 에너지를 늘리는 것에 있다. 마음을 배터리라고 비유한다면 배터리의 용량을 늘리는 것이다.

그렇다면 삶의 활기를 느끼고 배터리의 용량을 늘리기 위해서는 무엇이 필요할까? 그 답은 도전이다. 이 도전에 따르는 스트레스는 우리를 강하게 하는 좋은 스트레스eustress이다. 그러나 많은 이들은 나쁜 스트레스distress와 좋은 스트레스를 구분하지 않고 사용한다. 그렇기에 아드레날린을 그냥 스트레스 호르몬이라고 부른다. 이 호르몬이 분비되면 실제 심장이 두근거리고 근육이 긴장되고 입이 마르도록 우리 심신에 각성과 긴장을 유발하기 때문이다. 이는 편안함과는 정반대의 느낌이다. 그렇다 보니 사람들은 이 호르몬이 분비가 되는 것을 별로 좋아하지 않는다. 의학계에서도 이에 편승하여 모든 건강습관의 첫 번째로 스트레스를 줄이라고 권유한다.

긴장과 이완이 잘 순환될 때

삶의 활력은 늘 스트레스를 필요로 한다. 스트레스 호르몬이 잘 분비되어야 우리는 삶의 활력과 적정 각성 상태를 유지할 수 있다. 아드레날린이 감당할 수 없을 만큼 분비되는 것도 문제이지만 너무 분비되지 않는 것 또한 문제이다. 그것이 바로 '권태'라는 감정과 연결되기 때문이다.

권태는 우리가 쉽게 간과하지만 맹독성의 감정이 될 수 있다. 처음에는 재미없고 지루하고 따분한 느낌을 주는 데서 그치지만 권태가 해소되지 않고 장기화되면 과각성의 감정으로 바뀐다. 사소한 일에도 화를 내고 파괴적인 충동을 억제하기 힘들 수 있다. 그것은 밖으로 향할 수도 있고 자기에게로 향할 수도 있다. 이는 자신에게 새로운 자극이 없고 좋은 스트레스가 없다는 중요한 신호이다.

그러므로 스트레스 대처능력을 기르려면 우선 스트레스 호르몬이라는 명칭부터 바꿔야 한다. 아드레날린은 스트레스 호르몬이 아니라 심신을 가동시키는 활력 호르몬이다. 아드레날린이 분비될 때 우리 눈은 커지고 반짝거린다. 그러므로 건강한 삶은 스트레스가 필요하다. 우리에게 필요한 것은 이완 자체가 아니라 긴장과 이완의 순환이다. 스트레스 과부하에 빠졌더라도 충분한 휴식이 뒤따른다면 스트레스 대응능력은 더욱 향상된다. 과긴장 자체가 문제가 아니라 과긴장 후에 충분히 이완하지 못하는 것이 문제이다. 혹은 긴장도 아니고 이완도 아닌 어정쩡한 상태로 계속 살아가는 것이 문제이다.

건강한 삶이란 긴장만 하는 삶도 아니고 이완만 하는 삶도 아니다. 긴장과 이완이 잘 순환될 때 삶의 활력은 만들어지고 유지된다. 인간은 아무런 노력이나 어려움 없이 쉽게 얻는 쾌락이 아니라 스스로 원하는 것을 위해 스트레스와 노력을 통해 얻어내는 기쁨에서 더 큰 행복을 느끼는 존재이다.

동물적 행복과 달리 인간적 행복은 반드시 스트레스가 필요하다. 행복을 안겨주는 스트레스가 좋은 스트레스이다. 그러므로 당신이 만약 행복하지 않다면 의심해 보라. 어쩌면 스트레스가 많아서가 아니라 스스로 선택한 좋은 스트레스가 없기 때문인지도 모른다.

자기돌봄은 단순히 자기를 편안하게 한다는 것에서 그치지 않는다. 자기에게 좋은 스트레스를 부여하여 더 나은 존재로 만들어가는 것이야말로 최고의 자기돌봄이다.

🐚 나에게 활력을 선물하기

스트레스는 우리에게 긴장과 활력 둘 다 준다.

삶의 활기를 느끼고 건강한 삶을 위해 좋은 스트레스를 활용하자.

에필로그

지금, 나에게 따뜻한 손을 내밀기

이제 이 책은 끝이 났다. 그렇다면 이 책을 읽은 당신은 앞으로 달라질까? 자아의 횡포에서 벗어나 자기를 수용하고 친절하게 대할 수 있을까? 그 열쇠는 자신에게 얼마나 관심을 기울일 수 있느냐에 달려있다. 이 책을 통해 전하고 싶은 것은 자기를 돌봐야 한다는 당위가 아니라 자신에 대한 관심이다.

관심은 '어떤 것에 마음이 끌려 주의를 기울이는 것'을 말한다. 이는 집중과는 다르다. 집중은 노력을 해야 하지만 관심은 마음이 끌리기에 애쓰지 않아도 저절로 주의가 향하기 때문이다. 관심이 생기면 주의가 기울여지고 이는 변화로 자연스럽게 이어질 수밖에 없다. 만약 그 관심이 '따뜻한 관심'이라면 더욱더 큰 변화가 나타난다.

우리를 바꾸는 것은 고민이나 결심 그리고 노력이 아니다. 당신은 지금까지 얼마나 많은 고민을 했는가! '어떻게 살아야 하는가?' '왜 이렇게 살고 있는가?' '언제까지 이렇게 살아야 하는가?' 등 숱한 고민을 했을 것이다. 당신은 지금까지 얼마나 많은 결심과 노력을 했는가! '이런 내가 되자!' '이제 정신 차리자!' '이번에는 정말 잘해보자!' 그러나 그 고민과 결심, 노력은 얼마나 갔는가?

만약 당신을 싫어하는 사람이 당신에게 무언가를 바꾸라고 요구하면 그 말을 따르고 싶을까? 자기를 싫어하고 부정하는 가운데 이루어지는 변화는 오래갈 수 없다. 우리에게 필요한 것은 자신에 대한 따뜻한 관심이다.

이제 노력의 방향은 바뀌어야 한다. '나'는 투쟁의 대상이 아니라 연대의 대상이다. 나를 바꾼 다음에 손을 잡는 것이 아니라 지금 손을 내미는 것이다. 내가 나의 손을 잡아주지 않는다면 누가 나의 손을 잡아줄 것인가!

삶의 평화와 행복은 내가 원하는 상태로 나를 바꿀 때 얻어지는 것이 아니다. 내 안에 있는 것들을 한 울타리 안으로 끌어안을 때 일어난다. 마지막으로 10여 년 동안 내 안에서 울려나오는 자기친절의 만트라를 소개하며 글을 마무리한다.

'내가 힘들 때조차 나에게 친절할 수 있기를!'

2022년 여름

문요한

참고문헌

    자기돌봄 프로그램을 만들어 운영하고, 이 책을 집필하면서 마음챙김-자기연민 프로그램 공동개발자이자 자기연민에 대해 선구적인 연구와 활동을 하는 하버드대학교 크리스토퍼 거머 교수와 텍사스대학교 크리스틴 네프 교수의 책에서 큰 도움을 받았다. 대표적인 두 권의 책은 『러브 유어셀프』 『오늘부터 나에게 친절하기로 했다』이다.

1장

로버트 트리버스, 『우리는 왜 자신을 속이도록 진화했을까?』, 살림, 2013

Gordon G. Gallup, JR, "Chimpanzees: Self-Recognition", 《SCIENCE》 vol.167, no.3914

2장

네이딘 버크 해리스, 『불행은 어떻게 질병으로 이어지는가』, 심심, 2019

일자 샌드, 『나의 수치심에게』, 타인의사유, 2021

주디스 허먼, 『트라우마』, 열린책들, 2012

프란츠 카프카, 『아버지에게 드리는 편지』, 문학과지성사, 1999

《워크투데이》, "직장인 10명 중 9명이 직장인 번아웃 경험…극복방안 없나?", 2020년 6월 17일

Curran, T., & Hill, A. P., "Perfectionism is increasing over time: A meta-analysis of birth cohort differences from 1989 to 2016", 《Psychological Bulletin》, vol.145, no.4

Vincent J Felitti, Robert F Anda, "Relationship of Childhood Abuse and Household Dysfunction to Many of the Leading Causes of Death in Adults: the Adverse Childhood Experiences(ACE) Study", 《American Journal of Preventive Medicine》, vol.14, no.4

3장

김주환, 『회복탄력성』, 위즈덤하우스, 2011

스티븐 헤이즈 외, 『마음에서 빠져나와 삶 속으로 들어가라』, 학지사, 2010

이덕무, 『청장관전서(靑莊全書)』 63권 「선귤당농소(蟬橘堂濃笑)」

조너선 라우시, 『인생은 왜 50부터 반등하는가』, 부키, 2021

존 알렌, 『애착외상의 발달과 치료』, 박영사, 2020

J. M. 바스콘셀로스, 『나의 라임 오렌지 나무』, 청목, 2001

서미경, 정남운, 「애착 유형의 비연속성에 관한 연구: 획득된 안정 애착과 현재의 불안정 애착 간의 내적작동모델 비교」, 《인간이해》, vol.37, no.1

4장

대거 켈트너, 『선의 탄생』, 옥당, 2011

스티븐 W. 포지스, 『다미주 이론』, 위즈덤하우스, 2020

스티븐 포지스, 『여러미주신경이론』, 하나의학사, 2022

Stellar, J. E., Cohen, A., Oveis, C., & Keltner, D., "Affective and physiological responses to the suffering of others: Compassion and vagal activity". 《Journal of Personality and Social Psychology》, vol.108, no.4

Tiffany M. Field etc, "Tactile/Kinesthetic Stimulation Effects on Preterm Neonates", 《Pediatrics》, vol.77, no.5

5장

레이철 골드스미스 터로, 『트라우마 치유를 위한 마음챙김 기술』, 시그마프레스, 2019

유진 젠들린, 『상처받은 내 마음의 소리를 듣는 심리 치유』, 팬덤북스, 2017

팻 오그던 외, 『트라우마와 몸』, 학지사, 2019

Norman A. S. Farb, Zindel V. Segal, "Attending to the present: mindfulness meditation reveals distinct neural modes of self-reference", 《Social Cognitive and Affective Neuroscience》, 2007 vol.2 no.4

https://www.ummhealth.org/umass-memorial-medical-center/services-treatments/center-for-mindfulness/faqs

6장

마크 리어리, 『나는 왜 내가 힘들까』, 시공사, 2021

미셸 푸코, 『성의 역사3: 자기 배려』, 나남, 1990

CLAIRE E. ADAMS, MARK R. LEARY, "PROMOTING SELF-COMPASSIONATE ATTITUDES TOWARD EATING AMONG RESTRICTIVE AND GUILTY EATERS", 《Journal of Social and Clinical Psychology》, vol.26, no.10.

7장

알렉스 수정 김 방, 『일만 하지 않습니다』, 한국경제신문, 2018

케이티 쿠퍼, 『식물이 위로가 될 때』, 빌리버튼, 2021

Claudia C. Collins, Angela M. O'Callaghan, "Impact of Horticultural Responsibility on Health Indicators and Quality of Life in Assisted Living", 《HortTechnology》, vol.18, no.4

Mark D Seery, "Whatever does not kill us: cumulative lifetime adversity, vulnerability, and resilience", 《Journal of Personality and Social Psychology》, vol.99, no.6

나는 왜 나를 함부로 대할까

초판 1쇄 2022년 6월 30일
초판 10쇄 2024년 2월 15일

지은이 | 문요한
펴낸이 | 송영석

주간 | 이혜진
편집장 | 박신애 **기획편집** | 최예은 · 조아혜 · 정엄지
디자인 | 박윤정 · 유보람
마케팅 | 김유종 · 한승민
관리 | 송우석 · 전지연 · 채경민

펴낸곳 | (株)해냄출판사
등록번호 | 제10-229호
등록일자 | 1988년 5월 11일(설립일자 | 1983년 6월 24일)

04042 서울시 마포구 잔다리로 30 해냄빌딩 5 · 6층
대표전화 | 326-1600 **팩스** | 326-1624
홈페이지 | www.hainaim.com

ISBN 979-11-6714-040-1